GENIAh!L

PHÄNOMENALE ERFINDUNGEN

MIT SHARY UND RALPH

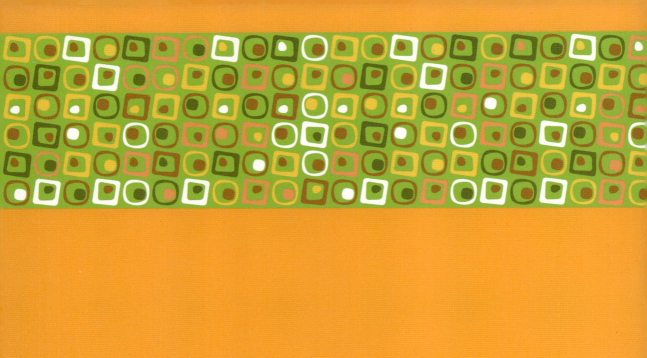

PHÄNOMENALE ERFINDUNGEN

MIT SHARY UND RALPH

Text von Doris Mendlewitsch,
Christine Gerber und Manuela Kalupke

Für die freundliche Unterstützung möchten wir uns ganz herzlich bei Ulrike Müller-Haupt und dem gesamten Ah!-Team bedanken.

ISBN 978-3-7855-7167-5 · 1. Auflage 2011
© 2011 Loewe Verlag GmbH, Bindlach
© WDR Köln · Agentur: WDR mediagroup licensing GmbH
Alle Rechte vorbehalten
Redaktion und Bildredaktion: Melanie Rhauderwiek
Satz und Innenlayout: Ines Wagner-Schulz
Umschlagfotos: © WDR Köln · Agentur: WDR mediagroup licensing GmbH/Nola Bunke
und © iStockphoto.com/Milan Vasicek und Elise Beaudry
Umschlaggestaltung: Christian Keller
Printed in Slovenia (004)

www.loewe-verlag.de
www.wissenmachtah.de

Ach, du liebe Zeit!

Schon so spät? Schön, dass du dir trotzdem die Zeit nimmst, dieses Kapitel zu lesen. Und wie günstig, dass es darin um die Erfindung der Zeit geht! Gibt es da etwa Widerspruch? Na gut – die Zeit an sich hat niemand erfunden. Die ist einfach da. Allerdings: Niemand interessierte sich so richtig für sie, bis … Klar, bis die Menschen die Erde bevölkerten. Ein Dino mit Uhr? Echt überflüssig.

Ralphs liebste Tageszeit …

START

WAS IST ÜBERHAUPT ZEIT?

Man sieht und hört sie nicht, man kann sie nicht anfassen, aber trotzdem ist sie da. Genauer gesagt: Man kann über sie sprechen und man teilt sie ein. Minuten, Stunden, Tage, Wochen und Jahre – das kennt doch jeder. Heutzutage schon, aber ganz früher brauchte man die Zeit nicht. Doch je mehr Menschen zusammenlebten, umso mehr gab es zu organisieren und umso wichtiger wurde es, die Zeit zu bestimmen und zu messen. Wann passiert was? Wie viel Zeit benötigst du, um den Weg von dir zu Hause bis zu mir zu gehen? Bis man das genau angeben konnte, brauchte es allerdings viel Zeitforschung, und wenn die Zeit auch nicht vom Himmel fiel, so schauten die ersten Zeitbestimmer doch vor allem nach oben: Sie nutzten den Mond als Zeitmesser. Die Babylonier stellten den ersten Mondkalender auf, vor etwa 5 000 Jahren. Er hatte zwölf Abschnitte – unsere zwölf Monate.

… ist die Nacht. Warum? Weil man da den Mond so schön sieht … und die Sterne …

Ich seh den Sternenhimmel, Sternenhimmel, Sternenhimmel, oh oh …

(Hubert Kah, 1982)

KlugscheißAh!-Info

Wem gehört der Mond? Gern würden ihn einige Staaten der Erde ihr Eigen nennen. Und es gibt sogar Menschen, die Grundstücke auf dem Mond verkaufen. Aber der „Weltraumvertrag" von 1967 legt fest, dass niemand den Mond (oder andere Himmelskörper) besitzen darf – das All gehört allen. Sagt ja schon der Name, oder?

… allerliebst! Aber was ist das?! Du liebes bisschen – Ralph verwandelt sich in einen Werwolf!*

*Deklination des Wortes Werwolf (aus dem Gedicht „Der Werwolf"):

„Der Werwolf", sprach der gute Mann,
„des Weswolfs, Genitiv sodann,
dem Wemwolf, Dativ, wie man's nennt,
den Wenwolf, damit hat's ein End."

(Christian Morgenstern, 1871–1914)

AhooOuuh!!!

Die alten Ägypter fanden heraus, dass man den Lauf der Zeit noch genauer bestimmen kann, wenn man sich an der Sonne orientiert. Als eins der ersten Völker berechneten sie, dass die Erde rund 365 Tage braucht, um die Sonne einmal zu umrunden. Aus dieser Erkenntnis entwickelte der römische Feldherr Julius Cäsar um das Jahr 45 vor Christus den „julianischen Kalender".

Göttliche Eingebung? Ra, der Sonnengott der Ägypter.

Puh, gut, dass schon die Sonne aufgeht

KlugscheißAh!-Info

Viel Zeit gespart: Um Datum und Sonnenstand wieder in Einklang zu bringen, ordnete Papst Gregor XIII. im Jahr 1582 an, dass zehn Tage ausfallen sollten. Auf den 4. Oktober folgte direkt der 15. Oktober. Wie viele Geburtstagsfeiern da wohl ins Wasser fielen …?

Erfindung des Schaltjahrs

Cäsars Kalender hatte 365 Tage, aber das war etwas zu wenig, denn die Erde braucht rund 365,25 Tage für eine Sonnenumkreisung. Also war ein normales Jahr immer ein bisschen zu kurz. Daher erfand Julius Cäsar das Schaltjahr: Jedes vierte Jahr dauerte einfach einen Tag länger. Doch auch das stimmte auf Dauer nicht mehr so ganz mit dem Stand der Sonne überein. 1582 korrigierte Papst Gregor XIII. den Fehler und führte neue Schaltjahrregeln ein. So entstand der „gregorianische Kalender", der heute weltweit gilt. Einige Länder und Religionsgemeinschaften machen aber nicht mit und pflegen ihre eigene Zeitrechnung.

und der Spuk ein Ende hat! Noch eben ein Tänzchen mit Sonnengott Ra …

VON DER UR-ZEITMESSUNG ZUR ATOMUHR

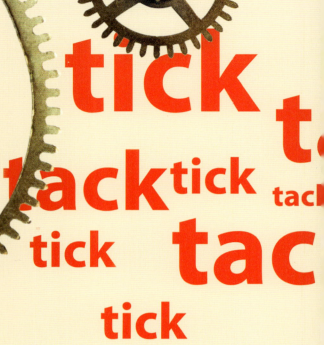

Gut, wenn man den Verlauf des Jahrs benennen kann. Aber ein paar Infos zu Tag und Stunden sind auch nicht schlecht. Zum Beispiel wenn man wissen will, wie lang man Mittagsschlaf halten kann. Oder wenn man mit einem Freund verabredet ist und nicht zu spät kommen will. Ohne Uhr hat man da keine Chance.

Eine der allerersten Uhren war vor etwa 5000 Jahren die ägyptische Sonnenuhr. Eine clevere Erfindung, aber logischerweise funktionierte sie nur tagsüber und nur bei schönem Wetter. Besonders genau war sie auch nicht. Das scheint den Menschen aber sehr wichtig gewesen zu sein, denn in vielen Teilen der Welt, nicht nur in Ägypten, erfand man weitere Zeitmesser: Wasser-, Sand- und Eieruhren, Feuer- und Kerzenuhren. Über Jahrtausende beschäftigten sich viele erfinderische Uhrmacher damit, die Zeit noch genauer und zuverlässiger zu messen.

… und weiter geht die (Zeit-)Reise. (Aber dieses Geticke und Getacke macht einen ja ganz verrückt!)

KlugscheißAh!-Info

Dass unsere Uhren zwölf Stunden anzeigen, obwohl wir doch den Tag in 24 Stunden einteilen, haben wir den alten Babyloniern zu verdanken. Die übertrugen nämlich die Zwölfteilung des Jahrs auf den Tag: Der hatte zwölf Doppelstunden.

Hier ein paar der wichtigsten Erfindungen der Uhrengeschichte:

➡ **Ende des 13. Jahrhunderts:** Die mechanische Räderuhr wird erfunden.
➡ **1511:** Peter Henlein aus Nürnberg erfindet die Taschenuhr.
➡ **1657:** Der Holländer Christiaan Huygens erfindet die Pendeluhr.
➡ **Um 1795:** Die ersten Armbanduhren werden entwickelt.
➡ **1955:** Erfindung der Cäsiumatomuhr. Atomuhren sind die genauesten Uhren der Welt, nach ihnen werden bis heute alle Funkuhren gestellt.

Ein uhr-, äh, uralter Zeitmesser mit Pendel

EINE ZEIT FÜR ALLE!

Und nun zur Eisenbahn. Wie bitte? Was hat die Eisenbahn denn mit Zeitmessung zu tun? – Tja, eine ganze Menge! Im 19. Jahrhundert konnte man mit dem Zug schon weite Strecken reisen. Kleines Problem: Es gab noch keine einheitliche Zeitmessung, jede Stadt hatte ihre eigene Uhrzeit. Also konnte man auch keine richtigen Fahrpläne erstellen. Die Passagiere wussten nie, wann genau ihr Zug abfahren oder ankommen würde. Großes Problem: Es gab oft Zugunglücke, da nie so ganz klar war, wann welcher Zug wo herumfuhr.

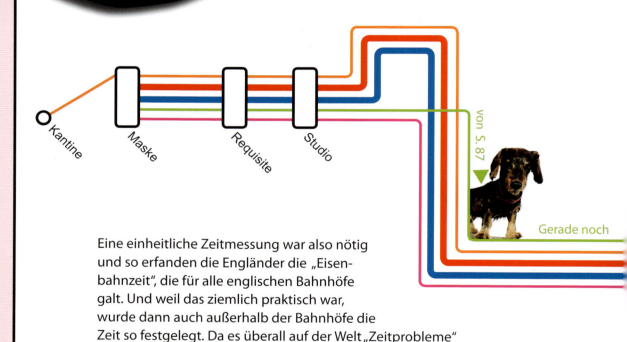

Eine einheitliche Zeitmessung war also nötig und so erfanden die Engländer die „Eisenbahnzeit", die für alle englischen Bahnhöfe galt. Und weil das ziemlich praktisch war, wurde dann auch außerhalb der Bahnhöfe die Zeit so festgelegt. Da es überall auf der Welt „Zeitprobleme" gab, unterteilte man schließlich die ganze Erde in Zeitzonen, die vorgeben, wann es wo wie spät ist. Deutschland liegt in der Mitteleuropäischen Zeitzone (MEZ) und seit 1893 gilt die Einheitszeit auch bei uns.

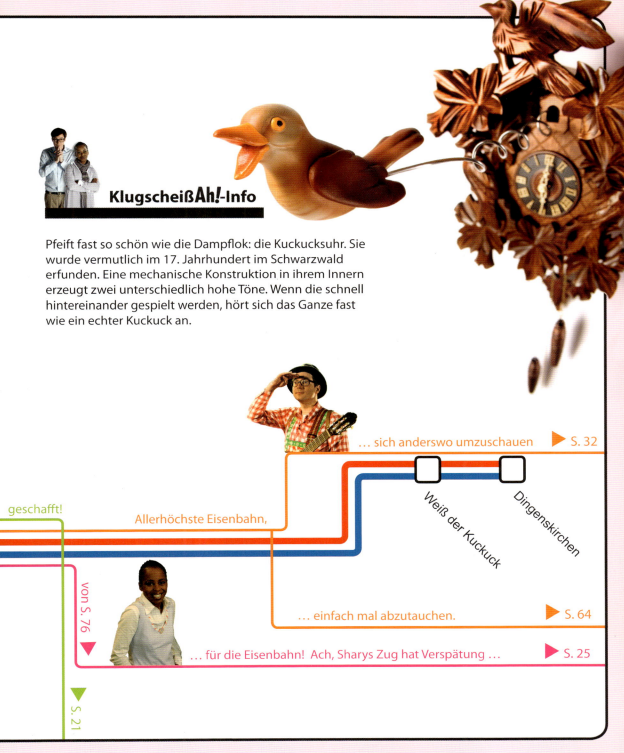

KlugscheißAh!-Info

Pfeift fast so schön wie die Dampflok: die Kuckucksuhr. Sie wurde vermutlich im 17. Jahrhundert im Schwarzwald erfunden. Eine mechanische Konstruktion in ihrem Innern erzeugt zwei unterschiedlich hohe Töne. Wenn die schnell hintereinander gespielt werden, hört sich das Ganze fast wie ein echter Kuckuck an.

… sich anderswo umzuschauen ▶ S. 32

geschafft!

Allerhöchste Eisenbahn,

Weiß der Kuckuck

Dingenskirchen

von S. 76

… einfach mal abzutauchen. ▶ S. 64

… für die Eisenbahn! Ach, Sharys Zug hat Verspätung … ▶ S. 25

S. 21

19

Booooo Ah!, ist das laaangweilig …

SIE VERGEHT,
SIE VERGEHT NICHT,

Dass die Menschen so etwas wie Uhren erfunden haben, hat einen guten Grund: Im menschlichen Gehirn gibt es keine Zellen, die die Zeit messen. Wir können Zeitabläufe nur schätzen, aber nie ganz exakt sagen, wie lange etwas dauert. Mal scheint die Zeit wie im Flug zu vergehen, dann wieder **zieht sie sich in die Länge …** fast wie Gummi.

von S. 19 ▶

Aber so eine Zugfahrt kann sich ganz schön in die Länge ziehen …

SIE VERGEHT …

Apropos Gummi: Einer der wichtigsten Gummi-Erfinder war Charles Goodyear aus den USA. Etwa im Jahr 1839 erfand er eine Methode zur Gummihärtung. Das war wichtig für viele weitere Gummiprodukte, unter anderem für Autoreifen.

Purer Zufall

Im Jahr 1869 wollte ein Amerikaner namens Thomas Adams die von Goodyear entwickelte Hartgummimischung verbessern, unter anderem mithilfe von Baumharz. Dabei stellte er fest, dass man auf Baumharz prima herumkauen kann. (Das hatten auch schon die Steinzeitmenschen gewusst, aber es war wohl in Vergessenheit geraten.) Herr Adams kam auf die Idee, das Harz mit Zucker, Pfefferminzöl und Vanillearoma zu mischen – erfunden war der Kaugummi!

KlugscheißAh!-Info

Verschluckte Kaugummis können im Magen nicht zusammenkleben, denn der Magensaft trennt sie voneinander.

▼ S. 40

… und jetzt auch noch eine Ampel! Lumpi wird's zu bunt, er steigt aus.

Jetzt geben wir aber mal Gummi und flitzen zurück zur Zeit! O nein! Eine rote Ampel? Und das, wo wir gerade so schön in Fahrt sind … Wer hat sich das nur ausgedacht?! Nein, nicht die Babylonier, dieses Mal waren es die Engländer: 1868 stellten sie an einer Straße in London die erste Ampel auf. Sie wurde mit Gas betrieben und ist leider eines Tages einfach explodiert. Die elektrische Straßenverkehrsampel erfand im Jahr 1912 ein amerikanischer Polizist. In Deutschland regelte 1922 die erste Ampel – auch „Lichtsignalanlage" genannt – den Verkehr, und zwar in Hamburg.

Wie du dir die Zeit vertreiben kannst, wenn du mal wieder irgendwo warten musst, verraten wir dir auf den nächsten Seiten!

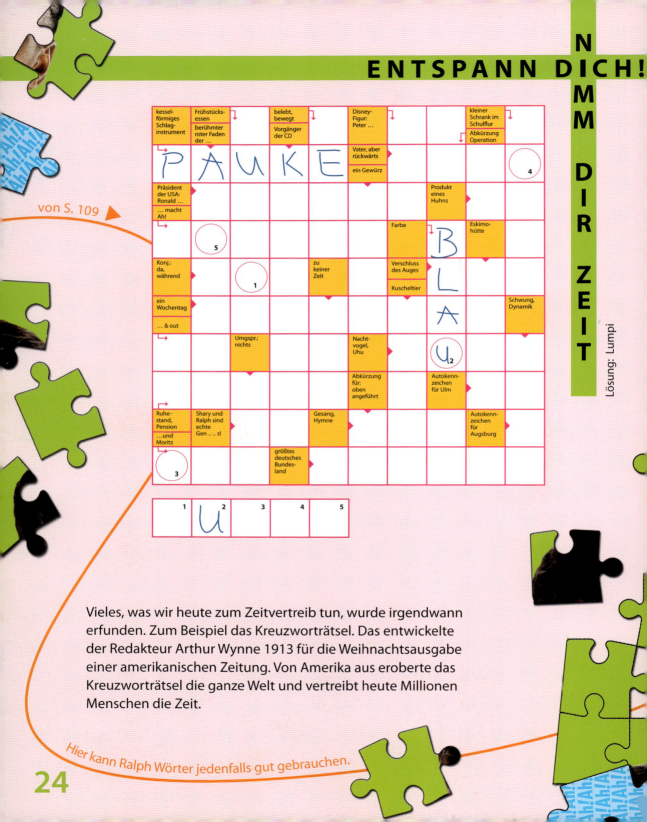

◀ von S. 19

Kein Problem! Schließlich weiß sie, wie man sich die Zeit vertreibt.

Die Erfindung des Puzzles geht auf einen englischen Landkartenhersteller zurück. Im Jahr 1763 klebte John Spilsbury eine Landkarte von Großbritannien auf ein Holzbrett und sägte die einzelnen Grafschaften entlang der Grenzlinien auseinander. Dann legte er die einzelnen Teile wieder zur Karte zusammen – das erste Puzzle war erfunden! Spilsbury bot das Spiel zunächst als Hilfsmittel für den Erdkundeunterricht an. So konnten sich die Schüler die Lage der einzelnen Länder leichter merken. Und er hatte Erfolg damit! Nach und nach setzte sich das Spiel auch bei den Erwachsenen durch, als purer Zeitvertreib, und fand viele Freunde in aller Welt.

25

Chindogus: Dinge, die die Welt nicht braucht

Ein Chindogu – das ist japanisch und bedeutet „seltsames Gerät" – ist eine zweckfreie Erfindung für den Alltagsgebrauch. Etwas, das keinen praktischen Nutzen hat, das aber funktionieren muss, einfach in der Handhabung ist, nicht patentiert wurde und nicht käuflich ist. Chindogus bieten kreative Lösungen für Probleme an, aber ihr tatsächlicher Einsatz wirft wieder neue Probleme auf. So wie zum Beispiel die sohlenfreien Schuhe: Man kann damit herrlich den Rasen spüren, bekommt aber bei schlechtem Wetter nasse Füße.

Auch ein Duett mit Ralph kann kurzweilig sein. Uh! Ralphs Stimme ist ja zum Davonlaufen!
Nun wäre eine gute Singstimme nicht schlecht! Aber die von Ralph reicht nur, um …

Sehr be-liebt ist die Er-fin-dung von Dai-su-ke I-nou-e: selbst ge-bau-ten Ka-ra-o-ke-ge-rä-te an Bars. be-lieb-ter Zeit-ver-treib, je schrä-ger des-to bes-ser. wird vor-ge-spielt und auf ei-nem Bild-schirm der der ge-ra-de Lust und ein biss-chen

KlugscheißAh!-Info

Der Weltrekord im Karaokesingen liegt bei 446 Stunden, vier Minuten und sechs Sekunden. Daran waren natürlich mehrere Sängerinnen und Sänger beteiligt.

▶ S. 46
▶ S. 88

Der Ja-pa-ner ver-mie-te-te 1971 die ers-ten elf
n-zwi-schen ist Ka-ra-o-ke ein welt-weit
Die Ins-tru-men-tal-ver-sion von Lie-dern
Lied-text ge-zeigt. Und ir-gend-je-mand,
Mut hat, lie-fert sei-ne Stim-me da-zu.

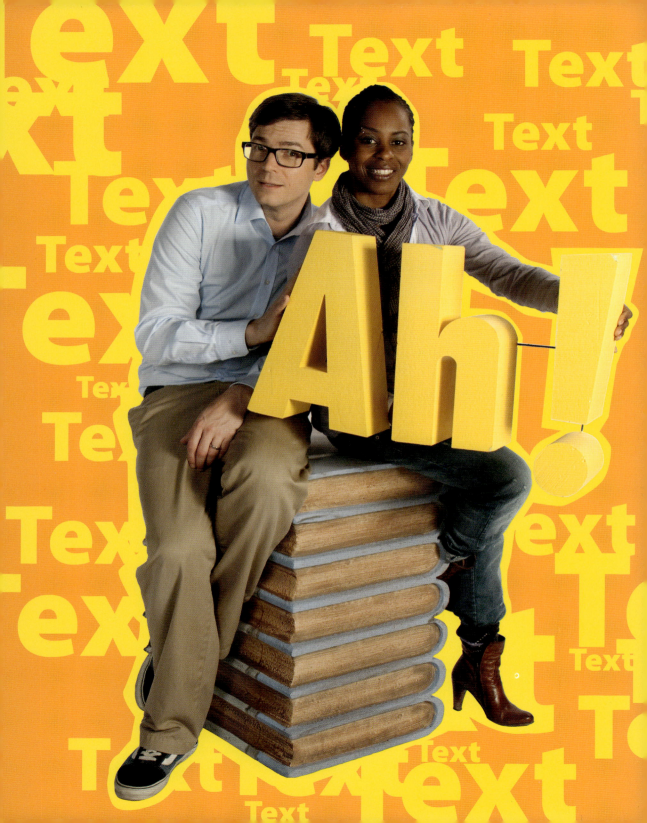

Vollgetextet

Schau dir diese zwei Seiten ganz genau an. Halt das Buch ein Stück von deiner Nase weg. Und jetzt wieder ein bisschen näher ran. Was siehst du? Buchstaben? Satzzeichen? Text? Richtig! Nichts Besonderes? Von wegen! Dass du dieses Buch überhaupt in der Hand hältst, haben wir vielen Menschen zu verdanken, unter anderem Johannes Gutenberg. Der hat im 15. Jahrhundert den Buchdruck – na gut, nicht erfunden, aber wichtige Erfindungen gemacht, damit heute so viele Bücher gedruckt werden können. Vor seiner Zeit wurden Bücher vervielfältigt, indem man sie Zeichen für Zeichen mit der Hand abschrieb. Das machten meistens Mönche, weil die sowieso nichts anderes zu tun hatten. Beziehungsweise weil sie die Einzigen waren, die schreiben konnten. Später hat man ganze Seiten in Holzplatten geschnitzt, mit Farbe bestrichen und gedruckt. Mühsam und zeitaufwendig! Schlimmer als tausendmal „ICH DARF NICHT ABSCHREIBEN" aufzuschreiben. Johannes Gutenberg kam auf die geniale Idee, einzelne Buchstabenformen herzustellen, die man immer wieder und in unterschiedlicher Reihenfolge verwenden konnte.

START

Shary macht sich auf den Weg...

Sauklaue? – Keilschrift!

hne Herrn Gutenberg gäbe es dieses Buch also nicht. Oder es würde ungefähr 873.591,- Euro kosten, weil es in mühsamer Handarbeit abgeschrieben und bemalt worden wäre. Es wäre selbstverständlich jeden Cent wert gewesen, aber trotzdem: ein Hoch auf Herrn Gutenberg!

Herr Gutenberg hätte sich allerdings die ganze Erfinderei sparen können, wenn nicht die Sumerer lange vorher die Schrift erfunden hätten. Die Sumerer lebten in Mesopotamien, vor 5 000 Jahren, waren aber für ihre Zeit ziemlich modern. Es gab zum Beispiel Bäcker, Lehrer, Ärzte, Metzger und Baumeister. Den Baumeistern fiel irgendwann auf, dass ihre Arbeit sehr viel leichter wäre, wenn sie nicht mit den Planungen bei jedem Palast oder Tempel wieder ganz von vorn anfangen müssten. Also schrieben sie die Einzelheiten auf – was man damals so "schreiben" nannte. Sie ritzten Zeichen, die wie Bilder aussahen, in Lehmziegel.

So eine Lehmziegelbibliothek erwies sich allerdings auf Dauer auch als unpraktisch – von einem Lehmeinkaufsziegel ganz zu schweigen. Also nahmen die Sumerer lieber Tontafeln. Die waren nicht nur leichter, sondern auch weicher, und dadurch veränderte sich das Aussehen der Schrift: Die Zeichen waren gerader und sahen nicht mehr so sehr wie Bilder aus. Die "Keilschrift" war erfunden. Unsere heute gebräuchlichen Schriftzeichen entwickelten vor über 2 000 Jahren die alten Römer – deshalb nennt man diese Schrift auch "lateinische Schrift".

KlugscheißAh!-Info

An dieser Stelle würden wir zu gern etwas über die Erfindung von „Russisch Brot" erzählen. Das ist nämlich ein süßes Gebäck in Buchstabenform. Nur leider ist vollkommen unklar, wer es erfunden oder ihm seinen Namen gegeben hat …

Das Alphabet erfanden übrigens vor etwa 3500 Jahren die Phönizier. Vorher musste man, um Texte zu schreiben, haufenweise Bildsymbole auswendig kennen. Unser Alphabet hingegen besteht aus 26 Zeichen, die man zu immer neuen Wörtern zusammensetzen kann. Mit den Buchstaben **A**, **S** und **U** kann man zum Beispiel sowohl **„AUS"** als auch **„SAU"** schreiben. Ein Glück für uns, dass die Phönizier – selbstlos, wie sie nun mal waren – die ganze Welt an ihrer wunderbaren Erfindung teilhaben ließen.

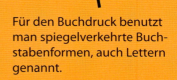

Für den Buchdruck benutzt man spiegelverkehrte Buchstabenformen, auch Lettern genannt.

… durch den Buchstabendschungel. Was diese Zeichen wohl bedeuten? Vielleicht eine Bauanleitung … ▶ S. 76

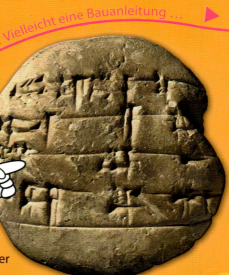

Die Keilschrift wurde auch von anderen Völkern des alten Orients verwendet. Hier eine babylonische Schularbeit.

von S. 19 ▶

DIE LUPE
WURDE UM
DAS JAHR 1020 VON
EINEM ARABISCHEN
GELEHRTEN ERFUNDEN.
UND DIESE GLÄSERNE
LESELUPE WIEDERUM SOLL GUT
250 JAHRE SPÄTER DEN ENGLÄNDER
ROGER BACON DAZU ANGEREGT HABEN,
DIE BRILLE ZU ERFINDEN. (ODER ZUMINDEST
SO ETWAS WIE DAS
ALLERERSTE BRILLENMODELL, DAS
DANN VON DEN ITALIENERN
WEITERENTWICKELT WURDE.)

SCHWER LESBAR

satzzeichen also zumindest die die wir heute benutzen wurden wohl im 15. jahrhundert in italien erfunden eine schöne sache denn sie erleichtert das lesen ganz ungemein unstrukturiert aneinandergereihte sätze zu entziffern ist doch auf dauer etwas anstrengend

Roger Bacon hatte bereits im 13. Jahrhundert den Durchblick.

Auch die stärkste Brille hilft nicht, wenn es darum geht, so einen Blindtext zu entziffern. Aus dem wird man einfach nicht schlau. Soll man aber auch gar nicht. Zumindest nicht aus seinem Inhalt. Blindtexte benutzen Grafiker, um Seiten zu gestalten. Zum Beispiel in so einem Buch hier. Weil der echte Text den Grafiker vom Wesentlichen ablenken würde, enthält der Blindtext nur sinnlose Satzfetzen oder Fantasietexte wie hier. Für den Gestalter einer Seite geht es nämlich darum, festzustellen, ob eine `Schriftart` gut aussieht, ob die **Schriftgröße** richtig ist, der Zeilenabstand stimmt und solche Dinge. Erfunden wurde der Blindtext wahrscheinlich von einem Buchdrucker im 16. Jahrhundert.

… schön ruhig hier … Aber die deutsche Sprache kann auch ganz schön verwirrend sein!

JETZT ABER KLARTEXT!

Julius Cäsar, der alte Geheimniskrämer

Hier ist zum Glück alles prima lesbar und weitgehend verständlich. Denn wir reden, äh, schreiben Klartext. Das könnte auch anders sein. **Alles prima lesbar** könnte zum Beispiel so aussehen: **Doohv sulpd ohvedu.** So könnten wir schreiben, wenn wir Botschaften verbreiten wollten, die nur für ganz spezielle Leser bestimmt sind. Nämlich für die, die unseren Geheimcode knacken können.

Und die lateinische erst … Da kommt selbst Ralph ins Schwitzen …

Geheimschriften gibt es schon fast genauso lange wie die Schrift. Vor allem in Kriegszeiten war es oft wichtig, Nachrichten zu übermitteln, die der Feind nicht entschlüsseln konnte. Wer die allererste Geheimschrift erfunden hat, ist geheim. Also, unbekannt. Die Verschlüsselung, die wir hier benutzt haben, wurde aber von einem berühmten Herrn erfunden (oder zumindest häufig verwendet): Julius Cäsar. (Richtig, der mit dem Kalender.) Deshalb nennt man sie auch **Cäsar-Verschlüsselung**. Wie sie funktioniert? Man verschiebt einfach das Alphabet um drei Buchstaben: Aus dem **A** wird ein **D**, aus dem **B** ein **E**, aus dem **C** ein **F** und so weiter. Clever.

Zum Verschlüsseln und Entziffern von Geheimtexten eignet sich so eine selbst gebaute „Cäsar-Scheibe" hervorragend.

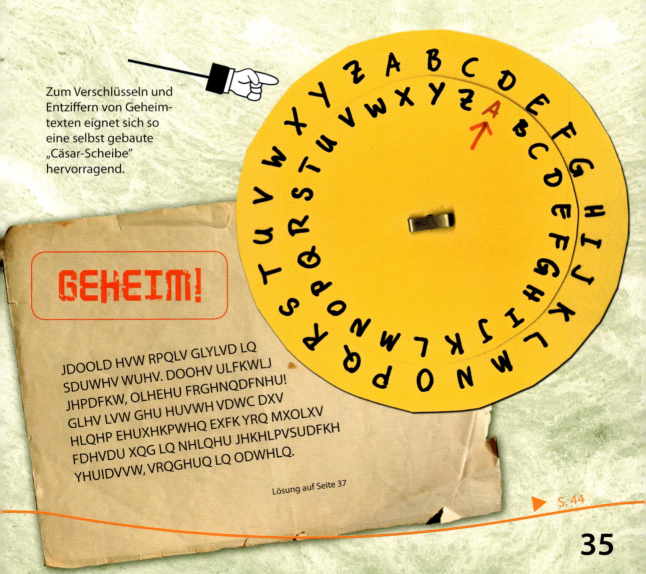

GEHEIM!

JDOOLD HVW RPQLV GLYLVD LQ
SDUWHV WUHV. DOOHV ULFKWLJ
JHPDFKW, OLHEHU FRGHNQDFNHU!
GLHV LVW GHU HUVWH VDWC DXV
HLQHP EHUXHKPWHQ EXFK YRQ MXOLXV
FDHVDU XQG LQ NHLQHU JHKHLPVSUDFKH
YHUIDVVW, VRQGHUQ LQ ODWHLQ.

Lösung auf Seite 37

▶ S. 44

SCHNICK

SCHNACK

SCHNUCK

PAPIER GEWINNT!

So oder ähnlich sah eine chinesische Papierfabrik Mitte des 18. Jahrhunderts aus.

von S. 47 ▶ *Klar, Papier! Aber es eignet sich nicht nur hervorragend zum Feuermachen, sondern auch zur ...*

Guck mal! Noch 'ne Seite! Erstaunlich. Vielleicht solltest du dich, bevor du weiterliest, kurz bei den Chinesen bedanken. Nein, nicht dafür, dass sie unser Land nicht erobert und uns ihre 50 000 Zeichen umfassende Schrift aufs Auge gedrückt haben. Sondern dafür, dass du überhaupt so schön von Seite zu Seite blättern kannst.

Die Chinesen haben nämlich das PAPIER erfunden, und zwar schon vor fast 2000 Jahren. Sie waren allerdings echte Geheimniskrämer und es dauerte mehrere Hundert Jahre, bis sie das Papierrezept rausrückten. Und auch dann nicht ganz freiwillig, es wurde ihnen wohl von den Arabern abgeluchst, die damals Teile des Landes eroberten. Die Araber verkauften Papier als Luxusartikel nach Europa, wo bisher vor allem auf Pergament geschrieben wurde. Erst seit dem 12. Jahrhundert stellen die Europäer auch selbst Papier her.

Lösung der Cäsar-Verschlüsselung:
Gallia est omnis divisa in partes tres. Alles richtig gemacht, lieber Codeknacker! Dies ist der erste Satz aus einem beruehmten Buch von Julius Caesar und in keiner Geheimsprache verfasst, sondern in Latein.

37

Papier mit Buchstaben. Wun-der-schön. Hach. Es muss ja nicht gleich ein dicker Schmöker daraus werden. Manchmal reichen die Gedanken vielleicht nur für ein paar von Hand bekritzelte Seiten. Und sind auch nicht von solcher Größe, dass man gleich die ganze Welt daran teilhaben lassen muss. Aber vielleicht wenigstens die Cousine in einer anderen Stadt oder den Freund in Amerika. Was tun? (Wir stellen uns jetzt mal vor, die E-Mail wäre noch nicht erfunden.) Also, ab mit den Seiten in einen Umschlag und verschicken. Zum Beispiel mit der Post.

An den WDR
Wissen macht Ah!
Appellhofplatz 1
50667 Köln

Im Grunde wurde die Post bereits in der Antike erfunden. Zumindest gab es damals schon Boten, die Nachrichten von einem Ort zum anderen brachten. Im Lauf der Zeit wurde das Ganze ausgebaut und seit dem 15. Jahrhundert gibt es ein öffentliches Postsystem, mit dem jeder normale Bürger Briefe verschicken kann.

1840 erfand ein Engländer namens Rowland Hill die aufklebbare Briefmarke – mit glatten Rändern. Die gezackte Marke wurde erst ein paar Jahre später erfunden. Beziehungsweise fand ein anderer Herr aus England, dass es praktisch wäre, wenn man die Marken nicht aus dem Bogen, auf den sie gedruckt wurden, ausschneiden müsste, denn dabei wurden sie oft krumm und schief. Also lochte er die Zwischenräume, wodurch sich die Marken leichter trennen ließen. Die Zacken der Briefmarke sind also in Wahrheit halbe Löcher.

Ohne Zacken, aber mit Krone: australische Briefmarke von 1855

* Nachrichtenübermittlung

Punkt, Punkt, Komma, Strich …

Auch eine schöne Art, Nachrichten zu übermitteln: das Telegrafieren. Das wurde 1837 von Samuel Morse aus Amerika erfunden. Nicht die Idee an sich, aber der erste funktionierende Morseapparat, der daher ihm zu Ehren und – wie unschwer zu erkennen ist – seinen Namen trägt. Damit konnte man Nachrichten über weite Strecken übermitteln. Mit speziellen Zeichen: den Morsezeichen, die aus Punkten und Strichen bestehen. (Kommas haben darin natürlich nichts verloren – wäre eigentlich ganz günstig, Deutscharbeiten in Morsezeichen zu verfassen, oder?) Im Prinzip auch eine Art Geheimschrift, nur dass die Verschlüsselung nicht geheim gehalten wurde, denn sonst hätte man ja nicht so leicht Nachrichten versenden können. Klar.

Morseapparat (auch Schreibtelegraf genannt)

Das Morsealphabet:
A ·— B —··· C —·—· D —·· E ·
F ··—· G ——· H ···· I ·· J ·——— K —·— L ·—··
M —— N —· O ——— P ·——· Q ——·— R ·—· S ··· T — U ··— V ···—
W ·—— X —··— Y —·—— Z ——··

Wunder der Technik!

Ein bisschen aus der Mode gekommen ist das Briefeschreiben ja schon. Auch wenn wir natürlich große Fans davon sind. Aber es gibt einfach so vieles, das schneller geht. Zum Beispiel telefonieren. Im Jahr 1861 erfand der Deutsche Philipp Reis das Telefon. Der erste Satz, den er übermittelte, lautete: „Das Pferd frisst keinen Gurkensalat." So konnte er sicher sein, dass die Person am anderen Ende der Leitung ihn wirklich verstanden hatte, schließlich ergab der Satz überhaupt keinen Sinn, gesprochener Blindtext sozusagen.

von S. 23

Trotz aller Mühe, die Herr Reis sich gemacht hat, gilt noch ein anderer als Erfinder des Telefons: der Schotte Graham Bell. Dessen Apparat aus dem Jahr 1876 war dem von Herrn Reis in der Qualität der Stimmübertragung überlegen. Funktionierte einfach besser, könnte man auch sagen. Und Herr Bell war so schlau, ein Patent anzumelden, das ihn zum alleinigen Besitzer der Telefonidee machte.

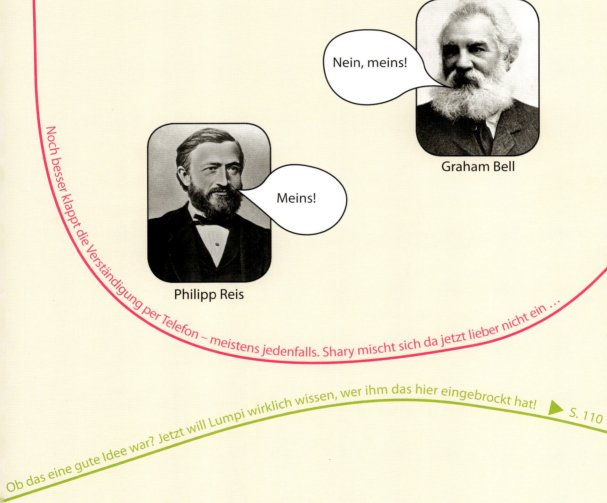

Nein, meins!

Graham Bell

Meins!

Philipp Reis

Noch besser klappt die Verständigung per Telefon – meistens jedenfalls. Shary mischt sich da jetzt lieber nicht ein …

Ob das eine gute Idee war? Jetzt will Lumpi wirklich wissen, wer ihm das hier eingebrockt hat! ▶ S. 110

41

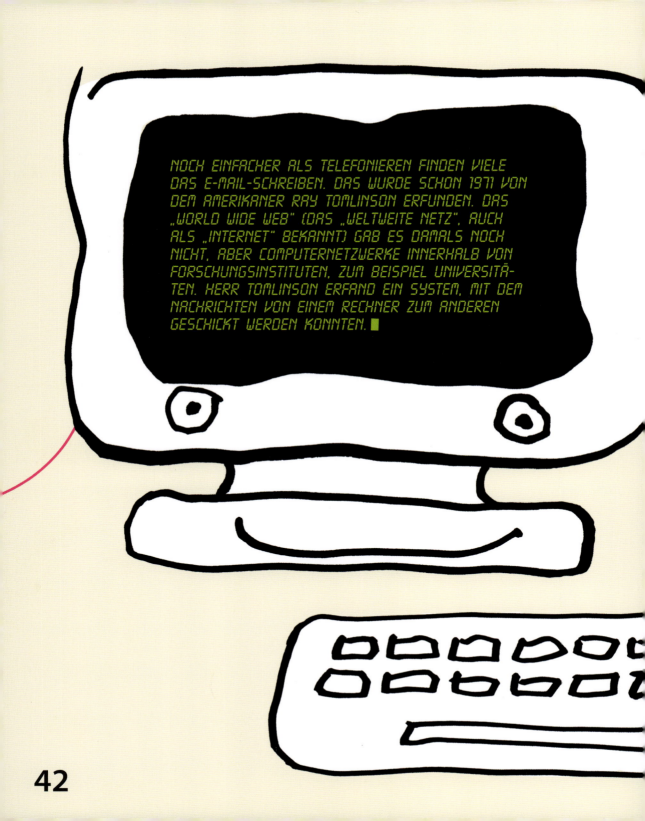

Das Computernetzwerk, das es zu Zeiten von Herrn Tomlinson gab, war allerdings nicht ganz einfach zu bedienen, man musste komplizierte Zahlencodes eingeben und so. Doof, dachte ein Computerfachmann namens Tim Berners-Lee Anfang der 1990er-Jahre und erfand das World Wide Web, das auch normale Menschen nutzen können.

... Und schreibt stattdessen eine E-Mail. (Ob der Erfinder der Computermaus wohl an ein echtes Nagetier dachte?)

▲ S. 56

43

von S. 35 ▶ … und als wäre das noch nicht genug, wird es jetzt erst richtig heiß!

Vorsicht, Verbrennungsgefahr!

Das Feuer fiel – im Gegensatz zur Zeit – wohl tatsächlich vom Himmel (in Form eines Blitzes, der in trockenes Gebüsch einschlug und es entzündete). Die Menschen schleppten es in ihre Höhlen oder Hütten oder worin auch immer sie lebten. Denn Feuer ist ganz schön praktisch – es hält wilde Tiere fern, wärmt und spendet Licht. Spätestens vor 500000 Jahren legten die Menschen die ersten Feuerstellen an. Was simpel klingt, war eine große Leistung: Es war gelungen, das gefährliche Feuer gezielt zu nutzen.

Ralph beobachtet aus sicherer Entfernung,

ICH HABE FEUER GEMACHT!

So ging es viele Tausend Jahre. Bis irgendwann, vor rund 40 000 Jahren, die Steinzeitmenschen mal wieder so rumsaßen, auf den nächsten Blitz warteten und Däumchen drehten. Als das Gewitter einmal besonders lang auf sich warten ließ, muss es passiert sein: Durch die permanente Reibung der Daumen aneinander war eine so große Hitze entstanden, dass sich trockenes Geäst, das in der Nähe herumlag, entzündete. Die Steinzeitmenschen hatten es geschafft, ganz ohne Unwetter Feuer zu machen!

Achtung: Diese Feuer-mach-Methode verursacht Schwielen an den Händen!

von S. 27 ▶ Ach herrje, Ralph ist auch schon da. Na, solange er nicht singt … Shary lenkt ihn

… wie Shary durchs Feuer geht.

Schon gut – genau so war das natürlich nicht. Aber ganz ähnlich: Um Feuer zu machen, braucht man etwas, das brennt, zum Beispiel Holz. Außerdem Hitze, eine Menge Hitze. Und die wird erzeugt durch Reibung (mit den Daumen, aber besser durch etwas anderes) und Sauerstoff (der befindet sich in der Luft). Die Neandertaler rieben Holzstöckchen so lange zwischen den bloßen Händen, bis sie heiß genug waren, dass man damit trockene Äste anzünden konnte. Die erste Feuer-mach-Methode war erfunden!

Wer hat's erfunden?

Heute spendet uns „elektrisches Feuer" Licht: die Glühlampe. Es heißt ja immer, dem Amerikaner Thomas Alva Edison sei im Jahr 1880 diese Erfindung gelungen. Aller Wahrscheinlichkeit nach stimmt das aber nicht so ganz: Vermutlich hat der Deutsche Heinrich Göbel schon einige Jahre zuvor eine ähnliche Konstruktion entwickelt. Ganz genau weiß man das allerdings nicht. Vielleicht hat Herr Göbel auch nur diese Geschichte und nicht die Glühlampe erfunden.

schnell mit einem Feuerchen ab. Und was brennt besonders gut? ▶ S. 37

WENN DER FUNKE ÜBERSPRINGT ...

Feuer entfachen – kein Problem. Feuer löschen – schon schwieriger. Was tun, wenn ein Feuer außer Kontrolle gerät? Klar, die Feuerwehr rufen. Eine der ersten Feuerwehren gab es im alten Rom. Brände zu löschen war damals ziemlich schwierig, denn viele Straßen waren sehr schmal und verwinkelt und Feuer konnte sich schnell ausbreiten. Außerdem musste man das Löschwasser in Holzeimern heranschleppen. (Das war mühsam und sicher wurde unterwegs viel Wasser verschüttet.)
Im Lauf der Jahrtausende probierte man alle möglichen Feuerlöschgeräte aus und am Ende gewann der Schlauch. Er wurde wohl schon im 17. Jahrhundert erfunden. Seit Ende des 19. Jahrhunderts löscht man nicht mehr nur mit Wasser, sondern auch mit speziellem Schaum, der die Flammen erstickt.

Huch, woher kommt dieser Wasserschwall? Eigentlich ist Ralph doch eher ein Mann für den WORTschwall.

Alle Mann an die Schläuche!

Den Schlauch müssen immer mehrere Feuerwehrleute halten. Durch die riesigen Wassermengen entsteht nämlich ein starker **Rückstoß**: Wasser schießt vorn aus dem Schlauch und der macht eine Rückwärtsbewegung. Würde der Feuerwehrschlauch nur von einem Mann gehalten, würde der umfallen und samt Schlauch über den Boden rutschen. Wie heftig der Rückstoß ist, hängt davon ab, wie viel Wasser mit welcher Geschwindigkeit durch den Schlauch rauscht.

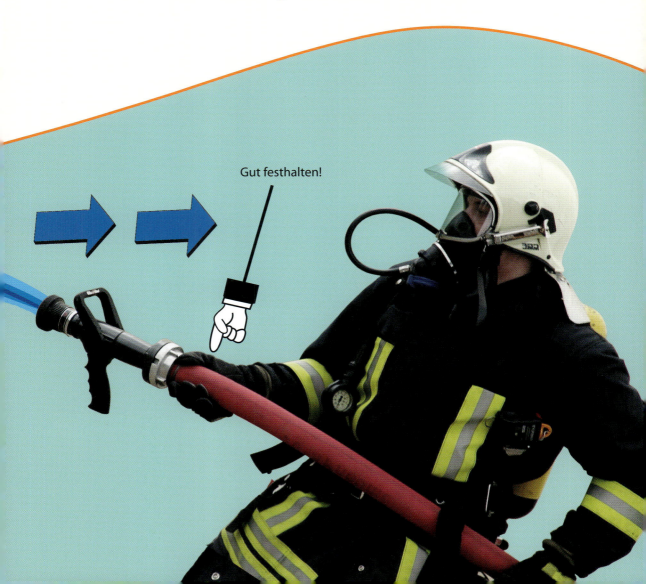
Gut festhalten!

MIT VOLLEM MUNDE ...
SPRICHT ES SICH AM BESTEN

Ob mithilfe von Buchstabensuppe schon mal jemand schreiben gelernt hat, ist uns nicht bekannt. Aber es könnte sein, dass die Menschen durch das Kochen sprechen gelernt haben. Quasi.

In der Frühzeit verzehrten unsere Vorfahren vor allem rohes Fleisch, Wurzeln, Nüsse und was sie sonst so finden konnten. Dafür brauchten sie ein starkes Gebiss und große, kräftige Zähne. Nachdem sie vor etwa 500 000 Jahren das Kochen erfunden hatten (vermutlich hatte man eher zufällig festgestellt, dass das Fleisch von verbrannten Tieren viel zarter ist und besser schmeckt), veränderte sich das Gebiss langsam. Es wurde viel kleiner, weil man ja nicht mehr so kräftige Muskeln und große Zähne brauchte, um die Nahrung zu sich zu nehmen. Dadurch konnten sich der Sprechapparat und das Gehirn besser ausbilden. Und auf einmal konnten die Menschen ganz andere Laute erzeugen und sich anders verständigen. (Für die Entwicklung der Sprache war selbstverständlich noch viel mehr nötig als gutes Essen, aber das können wir hier leider nicht alles aufzählen …)

Seine Lieblingsbeschäftigung: reden, reden, reden. Am liebsten ohne Punkt und Komma!

Zurück zur Essenszubereitung: Lange Zeit kochte man über offenem Feuer. Der **Elektroherd** wurde erst Ende des 19. Jahrhunderts erfunden. Gut, dass sich vorher niemand die Mühe gemacht hat, ihn zu entwickeln, denn man hätte ihn gar nicht benutzen können. Es gab ja noch gar kein Stromnetz.

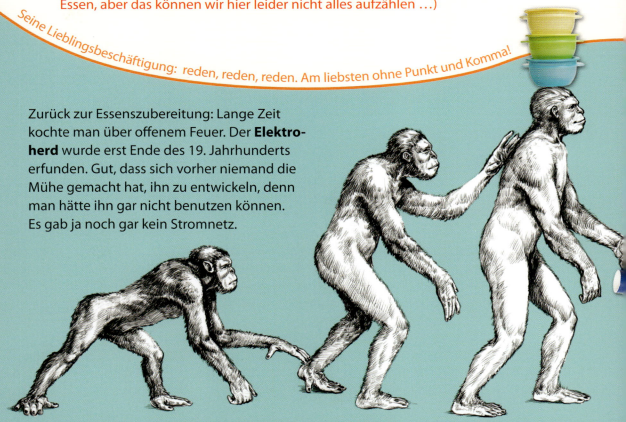

Helle Köpfchen

Einer der ersten Erfinder auf dem Gebiet der Elektrizität war im 18. Jahrhundert Benjamin Franklin (der übrigens auch eine wichtige Rolle bei der Gründung der Vereinigten Staaten von Amerika spielte, aber das ist wirklich ein anderes Thema). Viele weitere Forscher führten nach seinen Erkenntnissen wichtige elektrische Experimente durch. Einer der bedeutendsten war Thomas Alva Edison – genau, der angebliche Glühlampenerfinder. Er entwickelte 1879 die Pläne für das erste Elektrizitätswerk, das drei Jahre später in New York gebaut wurde und immerhin 5 000 Straßenlaternen mit Strom versorgte.

UND WER HAT DEIN LIEBLINGSESSEN ERFUNDEN?

Kurzer Zwischenstopp an der Imbissbude.

Die Pommes
Bei 100 g Kampfgewicht:
323 Kilokalorien
Eiweiß: 5,3 %
Fett: 43,2 %
Kohlenhydrate: 51,4 %

Was isst du am liebsten? Bei vielen stehen Pommes und Nudeln ganz weit oben auf der Liste – kein Wunder, die sind ja auch echt lecker. Wer die erfunden hat, hätte eigentlich den Nobelpreis verdient. Aber wer erfindet denn nun Lebensmittel? Bei den Nudeln ist es ganz einfach, da tippt jeder gleich auf Italien. Ha, falsch getippt! Auch die Chinesen und die Araber behaupten, das Nudelrezept erfunden zu haben. Und wer war es nun tatsächlich?

Die Forscher sind sich noch nicht ganz einig. Aber vieles deutet darauf hin, dass die Urnudel eine Erfindung ist, die an mehreren Orten der Welt ungefähr zur gleichen Zeit gemacht wurde. 2005 machte ein chinesisches Archäologenteam einen sensationellen Fund: 4000 Jahre alte **Steinzeitspaghetti!** Obwohl die Reste beim Kontakt mit der Luft schnell zerfielen, hat man einiges über sie herausgefunden: Die steinzeitlichen chinesischen Nudeln wurden aus Hirse gemacht, waren etwa 50 Zentimeter lang und hatten einen Durchmesser von ungefähr drei Millimetern. Toll.

Bei der Erfindung der **Pommes** soll das Wetter eine Rolle gespielt haben: Im Jahr 1680 gab es in Belgien einen sehr strengen und harten Winter. Sämtliche Flüsse und Seen blieben längere Zeit zugefroren. Die Belgier aßen gern kleine frittierte Fische. Weil sie aber in jenem Winter keine Fische fangen konnten, frittierten sie einfach auf dieselbe Art Kartoffeln. Die Kartoffeln wurden in längliche Stücke geschnitten und in heißem Fett gebacken. Von Belgien aus verbreiteten sich die Pommes dann auf der ganzen Welt.

Purer Zufall

Uah, was für eine Sauerei! Gerade führt der amerikanische Wissenschaftler Percy Spencer ein wichtiges Experiment durch, da schmilzt auf einmal der Schokoriegel, der in seiner Hosentasche steckt. Was war passiert? Herr Spencer hatte nicht etwa Hitzewallungen, sondern die Strahlen, mit denen er experimentierte, waren für die Schokosoße verantwortlich: die Mikrowellen. Praktisch, dachte Herr Spencer, und baute ein Gerät zur schnellen Essenszubereitung. Dessen Namen brauchen wir dir jetzt wohl nicht extra zu nennen.

Die Nudel
Bei 100 g Kampfgewicht:
159 Kilokalorien
Eiweiß: 12 %
Fett: 20,5 %
Kohlenhydrate: 66,5 %

JEDEM SEINE TEMPERATUR

Ein Blitz kann eine Temperatur von etwa 30000 Grad Celsius erreichen.

Hitze kann also sehr nützlich sein, manchmal ist sie aber auch unangenehm. Wenn man zum Beispiel ins Schwitzen gerät. Weil man über einer Englischarbeit brütet, weil man mit seinem Schwarm verabredet ist oder weil man Fieber hat. Um festzustellen, ob die roten Wangen Zeichen einer Krankheit sind, nimmt man gern mal das Thermometer zur Hand: „Körpertemperatur: 97 Grad, der Patient ist kerngesund." So klingt Fiebermessen in Amerika. Dass die Amerikaner aber auch immer so übertreiben müssen! Selbst ihre Körpertemperatur liegt viel höher als unsere. Wir Mitteleuropäer wären bei 97 Grad schon längst verglüht.

Die Wahrheit ist: Amerikaner messen mit einer anderen Einheit als wir, nämlich Fahrenheit. Und die Fahrenheit-Temperaturskala hat nicht dieselben Werte wie die Celsius-Skala, mit der wir die Temperatur bestimmen. 30 Grad Celsius sind zum Beispiel 86 Grad Fahrenheit. Wasser gefriert nicht bei 0 Grad Fahrenheit, sondern bei 32.

Essen gibt Energie!

Wie ein geölter Blitz saust Ralph weiter und landet ...

Wasser ist in einem Temperaturbereich von 0 bis 100 Grad Celsius flüssig.

Die Einteilungen auf dem Thermometer sind im Grunde ganz willkürlich. Unsere Art der Temperaturmessung hat Anfang des 18. Jahrhunderts Anders Celsius aus Schweden erfunden. Er trug auf seinem Thermometer einfach einen Strich für die Temperatur ein, bei der Wasser gefriert, und einen Strich für die Temperatur, bei der Wasser anfängt zu kochen. Den Zwischenraum füllte er mit 99 Strichen auf. Dasselbe wie Herr Celsius machte etwa zur selben Zeit in Holland Daniel Fahrenheit. Nur dass er seine Skala ein bisschen anders unterteilte. Im Prinzip könnte sich jeder seine eigene Temperaturskala basteln und die wäre genauso richtig wie die offiziellen. Nur dass man dann eben der Einzige wäre, der weiß, was es bedeutet, wenn 135000 Grad Paul oder Lilli herrschen.

KlugscheißAh!-Info

Wer das allererste Thermometer erfunden hat, ist nicht ganz klar. Einer der Kandidaten ist ein italienischer Arzt, der im 16. Jahrhundert lebte. Er war ein Bekannter eines der größten Erfinder und Denker aller Zeiten – Galileo Galilei (der zum Beispiel mit frühen Teleskopen unser Sonnensystem erkundete). Vermutlich hatte auch Galilei bei der Entwicklung des Thermometers die Finger im Spiel.

Schnee- und Eiskristalle bilden sich ab 0 Grad Celsius.

S. 58

Die Natur ist so bunt und fröhlich und intelligent …

Erfinderisch? Natürlich!

„… die Reifen quietschen, der Auspuff brennt, der Frosch rast mit Rekordgeschwindigkeit um die Kurve … aber der Lurch ist ihm dicht auf den Fersen und gibt noch mal Vollgas …" Spannend, so eine Liveübertragung vom Amphibienfahrzeugrennen!

Okay … rennwagenfahrende Frösche gibt's gar nicht. Aber Amphibienfahrzeuge existieren wirklich und die verdanken ihren Namen tatsächlich Fröschen, Kröten und Lurchen. Diese Tiere leben nämlich sowohl an Land als auch im Wasser – und Amphibienfahrzeuge sind Fahrzeuge, die man in beiden Elementen benutzen kann. Erfunden wurden die ersten solcher Gefährte wahrscheinlich schon in der Antike. Das erste Amphibienfahrzeug mit Motor wurde 1899 in Dänemark entwickelt. (Rennen werden damit übrigens nicht gefahren, alles gelogen.)

KARNEVAL DER TIERE

Und wie kommen wir jetzt von den Amphibien zu unserem eigentlichen Thema? Schwierig. Obwohl – eigentlich wollten wir ja nur sagen, dass die Natur ganz schön erfinderisch ist, wie man an der Amphibie sieht: Je nachdem, wo es mehr Futter gibt und wo sich weniger Feinde tummeln, suchen sich Kröte, Frosch und Lurch ein nettes Plätzchen. Und die Natur hat sich auch für andere Tiere so einiges einfallen lassen, um deren Leben so angenehm oder zumindest so ungefährlich wie möglich zu gestalten.

… und weiß sogar, wie man ausgelassen feiert! Nur Ralph, der alte Miesepeter, verdrückt sich.

von S. 55

… mitten im Partytreiben. Aber was ein echter Klugscheißer ist …

Meister der Tarnung

Der Tintenfisch ist ein Meister der Tarnung: Sein ganzer Körper ist voller Farbzellen und die passen sich ständig an die Umgebung an.

Kölle alaaf!

Für die Schwebfliege ist das ganze Jahr Karneval: Sie verkleidet (tarnt) sich nämlich als Wespe. In Wahrheit tut sie keiner, äh, Fliege was zuleide. Weil andere Tiere sie aber für ein gefährliches Insekt halten, kommt ihr keiner zu nahe.

S. 98

Let's fetz!

Der Fetzenfisch heißt so, weil an seinem Körper tatsächlich jede Menge Fetzen hängen. Wie ein richtiger Fisch sieht er nicht aus, eher wie ein unförmiges Etwas. Und wer möchte schon ein unförmiges Etwas verspeisen?

Hallo, Echo!

Die Fledermaus lebt in dunklen Höhlen und ist vor allem nachts aktiv. Damit sie nicht ständig irgendwo gegenknallt, hat sie ein spezielles Radarsystem: Sie gibt ganz hohe Töne von sich, die auf Gegenstände (zum Beispiel Haus- oder Höhlenwände) treffen und ein Echo zurückwerfen. Die Fledermaus misst, wie lange es dauert, bis der Schall zu ihr zurückkommt, und weiß so ganz genau, wo Hindernisse lauern.

Egal, Shary weiß sich auch allein bei Laune zu halten.

VORLAGE ZUM
KONFETTI-BASTELN

Ja, das schmerzt ein wenig im Auge, aber da musst du durch, wenn du echtes Ah!-Konfetti für die nächste Kostümparty haben möchtest. Und so geht's: 1. ausschneiden, 2. ausgelassen feiern!

Konfettibasteln ist wirklich ein spitzenmäßiger Zeitvertreib.

ALLES NUR GEKLAUT?

Clever, diese Natur. Was die so alles auf Lager hat! Vielleicht ist da was dabei, das wir auch brauchen könnten …? Da könnte man doch … ganz vorsichtig … sodass es keiner merkt … mal eben auf ihre Erfindungen schielen …? Los doch, kein Problem! In der Schule ist Abschauen streng verboten, in der Wissenschaft sogar ein eigener Fachbereich: Bionik. (Das Wort setzt sich zusammen aus „**Bio**logie" und „Tech**nik**".) Bioniker sind Ingenieure, Architekten oder Biologen, die sich überlegen, ob die Natur schon ähnliche Sachen erfunden hat, wie die, an denen sie selbst herumtüfteln, und sich dann das Prinzip abgucken.

Wenn sie nicht gerade bastelt, arbeitet Shary nebenbei auch gern als Superheldin …

Ist jetzt alles ein bisschen abstrakt. Also schwer vorstellbar. Deshalb hier ein Beispiel – vom ersten Bioniker überhaupt, Leonardo da Vinci. Der war ein italienischer Künstler und Erfinder und lebte von 1452 bis 1519. Also vor ziemlich langer Zeit, als es noch nicht mal Autos gab. Und Leonardo wollte sowieso etwas noch Dolleres als Autos: Er wollte Fluggeräte für Menschen konstruieren. Wie das funktionieren sollte, wusste er auch nicht so genau. Aber es gibt ja Tiere, die spitzenmäßig fliegen können. Vögel und Insekten zum Beispiel. Die beobachtete Herr da Vinci ganz genau und entwarf nach diesen Erkenntnissen Flugapparate.

Man könnte jetzt natürlich darüber streiten, ob Bioniker wirklich Erfinder sind oder nur Nachmacher. Muss man aber gar nicht, denn Bionik bedeutet überhaupt nicht, etwas eins zu eins nachzubauen. Damit man eine Erfindung „bionisch" nennen kann, darf man nur das Prinzip in der Natur abschauen und muss es dann in einen anderen Zusammenhang übertragen.

… und rettet Lumpi vor der gemeinen Klette.

Deshalb ist auch die nächste Erfindung streng genommen gar keine bionische. Bei der Natur abgeguckt ist sie trotzdem. Irgendwann in den 1940er-Jahren spazierte ein Schweizer Wissenschaftler namens Georges de Mestral mit seinem Hund durch die Landschaft. Nach den Spaziergängen hingen im Hundefell oft kleine, stachelige Bällchen, die nicht kaputtgingen, wenn man sie herausriss. Es waren die Früchte der Klette. Herr de Mestral ging ihrem Geheimnis auf den Grund: An der Klettenfrucht sitzen viele Häkchen, die sich im Hundefell verhaken und so biegsam sind, dass sie beim Herausreißen nicht kaputtgehen. Feine Sache, fand Herr de Mestral und baute das Ganze mit künstlichen Materialien nach. Was dabei herauskam? Der **Klettverschluss!**

UND HIER EIN PAAR ECHT BIONISCHE ERFINDUNGEN:

Rekordschwimmanzug

Nach dem Vorbild der Haihaut wurde ein Schwimmanzug entwickelt, mit dem Sportler schon einige Rekorde aufgestellt haben. Die Haut des Hais ist nämlich nicht glatt, sondern ganz fein geriffelt. Dadurch ist der Wasserwiderstand geringer und der Schwimmer schneller. Nach dem Haihautprinzip wurde außerdem eine Folie für Flugzeugaußenwände entwickelt, die den Luftwiderstand verringert: Das Flugzeug verbraucht weniger Treibstoff.

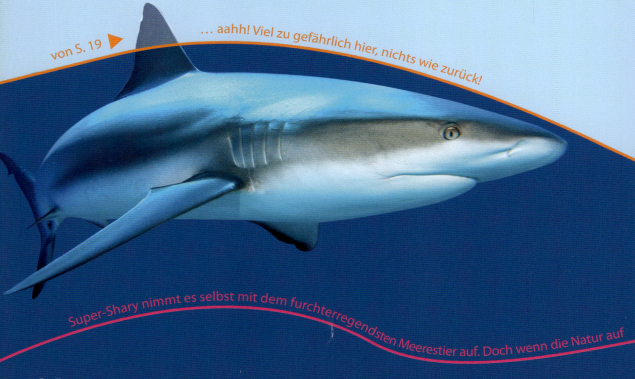

von S. 19

… aahh! Viel zu gefährlich hier, nichts wie zurück!

Super-Shary nimmt es selbst mit dem furchterregendsten Meerestier auf. Doch wenn die Natur auf

64

Unverschmutzbare Wandfarbe

Der „Lotuseffekt" sorgt dafür, dass Staub und Dreck einfach mit dem Regen von der Wand gewaschen werden. Abgeschaut bei der asiatischen Lotusblume, deren Blätter nie schmutzig sind. Die Blattoberfläche besteht aus Tausenden winziger Noppen, die dafür sorgen, dass der Schmutz das Blatt nicht richtig berührt, sondern nur lose daraufliegt, und so einfach abgewaschen werden kann.

Dieser Käferroboter ist kaum von seinen natürlichen Verwandten zu unterscheiden.

Findige Roboter

Tasthaare wie bei einer Ratte helfen bestimmten Robotern, in unwegsamem Gelände, zum Beispiel bei der Suche nach verschütteten Erdbebenopfern, einen Weg zu finden.

▲ S. 19

... andere Weise ruft, ist auch Shary machtlos ...

▶ S. 98

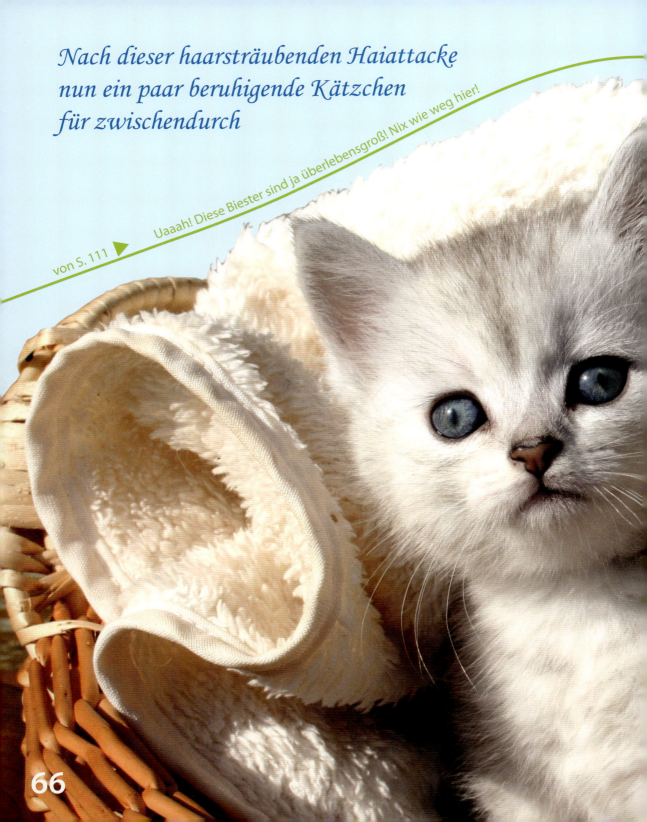

Nach dieser haarsträubenden Haiattacke nun ein paar beruhigende Kätzchen für zwischendurch

von S. 111 ▶ Uaaah! Diese Biester sind ja überlebensgroß! Nix wie weg hier!

Immer der Nadel nach

Vieles in der Natur ist uns Menschen eigentlich überlegen. Stärker, schneller, giftiger. Aber dafür ist der Mensch wohl das einzige Lebewesen, das wirklich logisch denken kann. Viele Erfindungen dienen dazu, Schwächen auszugleichen und die Natur unter Kontrolle zu bringen. Und manche Entdeckung erwies sich auch einfach zufällig als außerordentlich nützlich.

Zum Beispiel haben die Menschen schon früh festgestellt, dass sich bestimmte Metallteile immer wieder von selbst nach Norden ausrichten. Warum das so ist, wusste lange keiner, es war einfach so. Man nahm es hin und machte es sich zunutze, um die Himmelsrichtung zu bestimmen und sich auf Wanderungen oder Schiffsreisen nicht zu verirren: Der Kompass wurde erfunden. Wahrscheinlich von den Chinesen, auf jeden Fall schon vor mehreren Tausend Jahren. Nach Europa kam der Kompass vermutlich im 12. Jahrhundert. Erst im Jahr 1600 fand ein Forscher heraus, weshalb Magnetnadeln immer nach Norden weisen: Er stellte fest, dass die Erde selbst ein riesiger Magnet mit einem Nord- und einem Südpol ist (den hat jeder Magnet) und bestimmte Metalle vom Nordpol angezogen werden. Der Kompass ist eine der wichtigsten Erfindungen aller Zeiten, denn ohne ihn hätte man nicht die Welt umsegeln und keine Karten der Erde anfertigen können. Und ohne die gäbe es heute auch kein GPS – ein satellitengesteuertes System zur Ortsbestimmung, das gewissermaßen den Kompass ersetzt hat.

Und – schwupps – auf zur Schatzinsel! Gut, dass Lumpi einen Kompass dabeihat.

Die Kompassnadel richtet sich immer nach Norden aus.

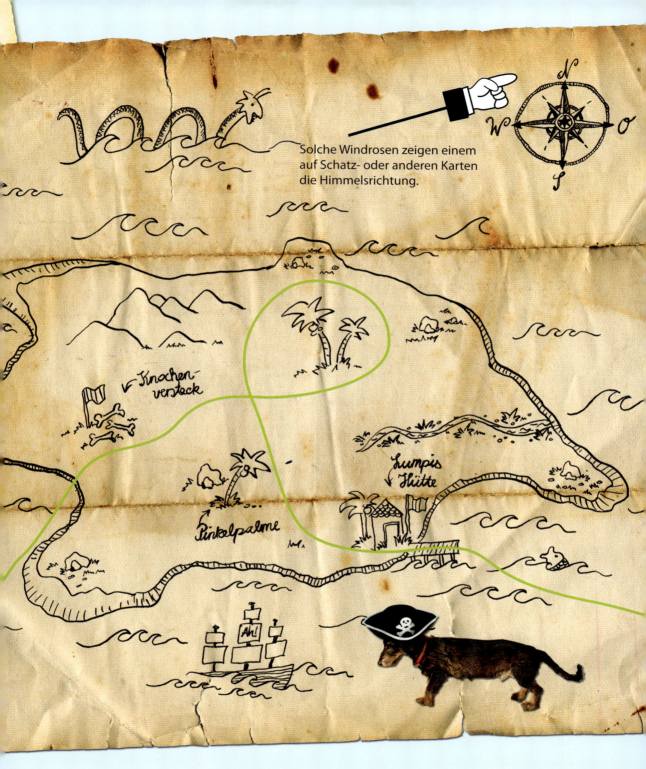

Erobern, erforschen – alles wichtig, aber manchmal muss man sich auch einfach nur in Sicherheit bringen. Zum Beispiel vor der Sonne. Also, vor ihren gefährlichen Strahlen. Da kann man sich schön hinter einer Sonnenbrille verstecken.

Die **Sonnenbrille** (beziehungsweise farbige Gläser zum Schutz gegen die Sonne) wurde schon im 15. Jahrhundert erfunden. Lange stritten Forscher und Brillenmacher darüber, welches die beste Farbe sei, um die Augen zu schützen. Rot, Grün, Braun oder doch lieber Gelb? Die Wahrheit lautet: Mit Farbe allein kann man die Augen überhaupt nicht schützen. Das Gefährliche an der Sonne sind nämlich die UV-Strahlen und denen ist die Farbe ganz egal.

Eine Brille, die nur getönt ist, kann den Augen sogar schaden. Je dunkler sie ist, umso weiter öffnen sich die Pupillen, und – schwupps – gelangen jede Menge UV-Strahlen direkt ins Innere des Auges. Dadurch können sich die Augen entzünden und möglicherweise sogar dauerhaften Schaden nehmen. Gute Sonnenbrillen bestehen deshalb aus mehreren Schichten: Farbe plus UV-Schutz. Der UV-Filter ist direkt in das Sonnenbrillenglas eingearbeitet. Er ist unsichtbar beziehungsweise durchsichtig, aber er hält die UV-Strahlen auf.

Auch seine Sonnenbrillenkollektion erweist sich als nützlich.

Wo wir gerade über Strahlen reden: Strahlend schön wollten die Menschen schon immer sein. Aber was als schön gilt, hat sich oft geändert. Vornehme Blässe galt jahrhundertelang als schick. Gebräunte Haut hatten vor allem die einfachen Leute, die viel draußen waren, weil sie auf den Feldern arbeiten mussten. Blässe war also ein Zeichen von Reichtum und zeigte jedem, dass man es nicht nötig hatte zu arbeiten. Damit kein Zweifel aufkam, halfen manche mit Schminke und Puder nach, andere ließen sich tatsächlich Blut abzapfen, um blasser auszusehen. Verrückt! Aber wer schön sein will …

Und was macht der kluge Hund, wenn's ihm zu heiß wird? Genau, er verkriecht sich.

Daran hat sich bis heute nichts geändert, doch heutzutage gilt ja gemeinhin gebräunte Haut als schick und zeigt, dass man genug Geld für Urlaub in der Sonne hat. Braun ist also schön, aber Sonnenbrand ist blöd. So wurde Ende der 1930er-Jahre die Sonnencreme erfunden. (Puh, haben wir gerade noch mal die Kurve zu den Erfindungen bekommen, um die es hier ja eigentlich gehen soll.)

▶ S. 93

73

Weltbewegendes

Die Welt – also die Erde – ist rund und dreht sich. Spitzenidee, dachten die Menschen. Etwas Rundes, das sich dreht, können wir auch gut gebrauchen und sie erfanden das Rad. Na gut – das Rad war schon lange, lange erfunden, als die Menschen entdeckten, dass die Erde eine rotierende, also sich um sich selbst drehende Kugel ist.

EINE RUNDE SACHE

WIE ALSO KAMEN DIE MENSCHEN DARAUF, DAS RAD ZU ERFINDEN? GANZ EINFACH: DURCH LOGISCHES NACHDENKEN. KLINGT VERNÜNFTIG. GENAU DAS WAR ES AUCH UND GENAU DAS IST DAS BESONDERE: DAS RAD IST DIE ERSTE ERFINDUNG, DIE DIE MENSCHEN DURCH LOGISCHES NACHDENKEN ZUSTANDE GEBRACHT HABEN – INDEM SIE ÜBERLEGTEN, WIE SIE SICH DIE ARBEIT ERLEICHTERN KÖNNTEN. (WUSSTEN WIR'S DOCH: KÖPFCHEN ZU HABEN WAR SCHON IMMER WICHTIGER ALS REINE MUSKELKRAFT.)

▲ S. 18

… für das Rad? Möglich. Schließlich werden Räder überall gebraucht. Zum Beispiel …

von S. 31 ▶

Ein Sturz vom Hochrad war sicher ganz schön schmerzhaft …

Verrückt, was die Menschen sich so alles ausdenken, …

Nicht ein Einzelner hat das Rad erfunden, sondern mehrere gleichzeitig, ohne dass sie voneinander wussten. Eins der ältesten Räder, die man bisher gefunden hat, stammt aus Slowenien (das ist ein Land in Osteuropa) und wurde wohl im 4. Jahrtausend vor Christus gebaut. Etwa zur selben Zeit entwickelten aber auch die Menschen im Orient, in China und in anderen Gegenden der Erde Räder. Was sie damit machten? Na, zum Beispiel Karren bauen, mit denen man die Ernte vom Feld in die Scheune bringen konnte.

Hochrad? Pah! Es geht noch viiiieeel größer.

Und man kann das Rad noch an viel mehr Stellen einsetzen: als Zahnrad im Innern von Maschinen zum Beispiel oder auch in einer Uhr, als Wasserrad an einer Mühle oder als Ausguck. Es gibt nämlich auch Räder, die einen richtigen Weitblick ermöglichen. Also, eine tolle Aussicht. Nämlich Riesenräder. Das erste moderne Riesenrad baute ein Amerikaner zur Weltausstellung 1893 in Chicago. Erfunden wurden Riesenräder aber wohl schon im 17. Jahrhundert in Bulgarien.

Praktisch, dieses Rad. Was man damit alles anstellen kann! Unter anderem Reisegefährte bauen. Ab dem 15. Jahrhundert holperten die Menschen in Kutschen durch die Gegend – das funktionierte einigermaßen, war aber auch unbequem und selbst kleine Reisen dauerten lang. Da musste etwas Besseres her! Fahrrad? Passen ja höchstens zwei Leute drauf. Auto? Wird erst auf der nächsten Seite erfunden. **Eisenbahn?** Das ist es!

Schienenbahnen, die Arbeitsgeräte transportierten, gab es schon im Mittelalter in Bergwerken. Später fuhren solche kleinen Bahnen auch im Freien. Aber einen echten Fortschritt in der Bahnentwicklung gab es erst mit der Dampfmaschine.

Dampfmaschine von James Watt (1788)

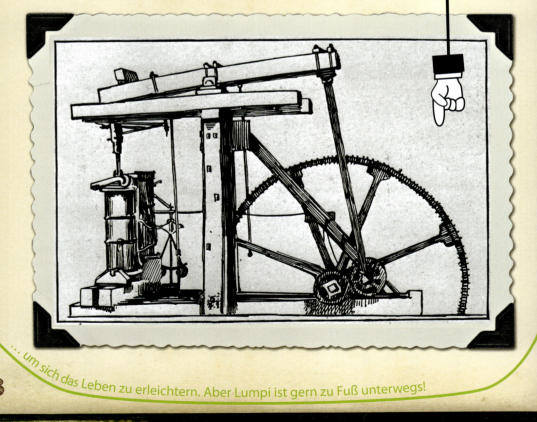

... um sich das Leben zu erleichtern. Aber Lumpi ist gern zu Fuß unterwegs!

Die „Rocket" gewann 1829 bei einem Rennen zwischen verschiedenen Dampflokomotiven.

Im Jahr 1804 baute ein Engländer die erste Dampflok – sie war so schwer, dass die Schienen unter ihrem Gewicht zusammenbrachen. Die Erfindung war zunächst einmal kein Erfolg. Erst 1825 fuhr zum ersten Mal eine öffentliche Eisenbahn auf einer Strecke zwischen zwei Städten – mit einer Geschwindigkeit von rund 25 Kilometern pro Stunde. Zum Vergleich: In Deutschland fahren die Züge heute bis zu 300 Kilometer pro Stunde. Jedenfalls war das eine große Errungenschaft, denn nun konnte man die vielen schnell produzierten Waren auch schnell und in großer Menge an andere Orte transportieren und dort verkaufen.

Mehr als heiße Luft

Mithilfe von heißem Dampf kann man Energie erzeugen und dadurch Maschinen antreiben. Früher waren das zum Beispiel mechanische Webstühle. Mit denen konnte man in viel kürzerer Zeit viel mehr Waren produzieren als vorher von Hand. Mit der Erfindung der Dampfmaschine änderte sich vieles – überall wurden Fabriken gebaut und immer mehr Menschen zogen vom Land in die Städte. Erfunden wurde die **Dampfmaschine** nicht direkt von James Watt, aber er verbesserte sie so weit, dass man mit ihrer Hilfe größere Maschinen, wie eine Lokomotive, antreiben konnte.

WIE ANGEKÜNDIGT, **PRÄSENTIEREN** WIR JETZT EINE DER WOHL **BERÜHMTESTEN** ERFINDUNGEN ALLER ZEITEN:

DAS AUTO.

GLEICH ZWEI DEUTSCHE INGENIEURE - **GOTTLIEB DAIMLER** UND **CARL BENZ** - HABEN ES FAST ZUR SELBEN ZEIT (ENDE DES 19. JAHRHUNDERTS), ABER UNABHÄNGIG VONEINANDER, ENTWICKELT. DIE VORARBEIT HATTE NICOLAS OTTO GELEISTET, INDEM ER 1862 EINEN MOTOR ERFAND. DER WAR ZWAR VIEL ZU GROSS UND SCHWER, UM IN EIN AUTO EINGEBAUT ZU WERDEN, ABER ER WAR DAS VORBILD FÜR DIE HEUTIGEN AUTOMOTOREN.

WARUM SIND AUTOREIFEN SCHWARZ?

Damit sie nicht an der Straße festkleben! Autoreifen bestehen nämlich unter anderem aus klebrigem Rohgummi. Damit der Reifen nicht auf dem Asphalt pappen bleibt, wird das Rohgummi mit anderen Stoffen vermischt, unter anderem mit Ruß. Das gibt dem Gummi die richtige Härte – und macht den Reifen schwarz.

KlugscheißAh!-Info

Schon Anfang des 19. Jahrhunderts gab es Omnibusse. Ja, richtig gelesen, vor der Erfindung des Autos! Früher bezeichnete man nämlich Kutschen, in denen mehrere Personen Platz hatten, als „Omnibus". Das ist lateinisch und bedeutet „für alle". Ein Omnibus ist ein Fahrzeug für alle, ein öffentliches Transportmittel – egal, ob mit echten Pferdestärken oder künstlichen.

Obwohl so eine Autofahrt ...

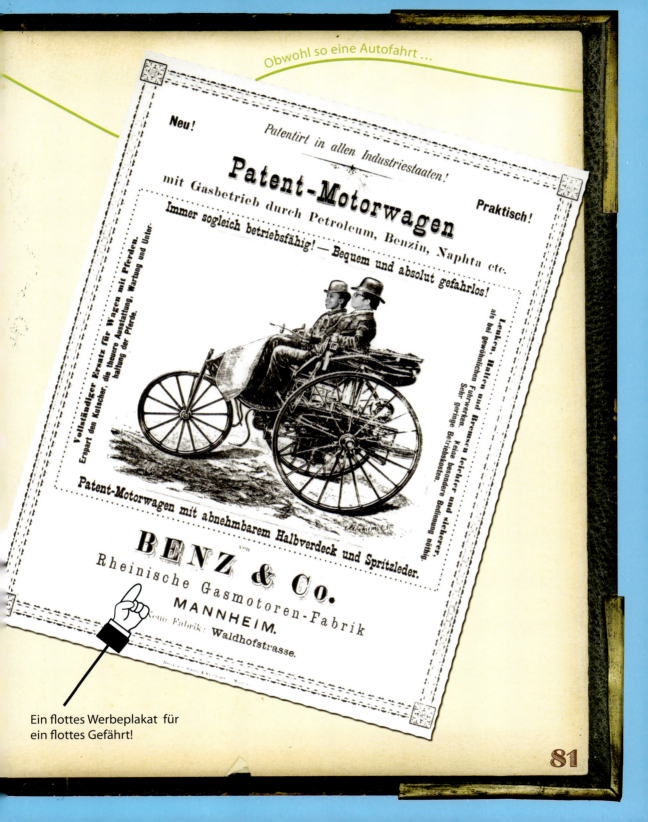

Ein flottes Werbeplakat für ein flottes Gefährt!

AUF GROSSER FAHRT

Das Rad wurde also vermutlich vor rund 6000 Jahren erfunden. Pah, das ist ja gar nichts! Schon lange zuvor waren die Menschen auf dem Wasser unterwegs. Sie fuhren zum Fischen, transportierten Waren oder brachen zu Eroberungs- und Beutezügen auf.

Da segeln sie, die Ägypter …

Wahrscheinlich paddelten mitteleuropäische Wandervölker schon vor gut 10000 Jahren mit „**Fellbooten**" (luftgefüllten Tierfellen) durch die Gegend.

Vor 6000 Jahren befuhren Menschen die Flüsse mit **Einbäumen** (ausgehöhlten Baumstämmen).

Vor rund 5000 Jahren erfanden die Ägypter das **Segel**. Mithilfe der Windenergie konnte man von da an viel längere Reisen unternehmen.

... oder eine Schiffsreise auch recht aufregend sein kann.

KlugscheißAh!-Info

Dampfschiffe – auch bekannt als Raddampfer – werden noch heute auf dem Mississippi eingesetzt.

In arabischen Wüstenstaaten benutzten die Menschen schon vor vielen Tausend Jahren ein Schiff, das perfekt an die dortigen Bedingungen angepasst war: das Wüstenschiff (auch „Kamel" genannt).

Das machten sich vor rund 3000 Jahren die **Phönizier** zunutze – sie haben quasi die Seefahrt erfunden. Also, zumindest waren sie das erste richtige Seefahrervolk.

Die Boote wurden größer und besser, aber einen großen Sprung in der Entwicklung der Schifffahrt gab es erst wieder Ende des 18. Jahrhunderts: Das **Dampfschiff** wurde erfunden.

Das erste benutzbare **U-Boot** konstruierte 1776 der Amerikaner David Bushnell. Sein Gefährt nannte er „Turtle", das heißt „Schildkröte".

83

HOCH HINAUS …

Aber fliegen? Das ist nun wirklich nichts für einen Dackel.

Fast jeder Mensch träumt nachts gelegentlich davon, fliegen zu können. Traumdeuter sagen, das liegt daran, dass … Traumdeuter?? So ein Quatsch! Wir reden hier doch nicht über Träume, sondern vom **Fliegen!**

Auf Seite 90 gibt's die Bauanleitung für diesen Flieger.

Gleitflieger von Otto Lilienthal

Schon im Mittelalter hätten sich die Menschen gern in die Lüfte geschwungen. Eine richtig gute Idee dafür hatte damals allerdings noch keiner. Dass Leonardo da Vinci nach dem Vorbild der Vögel Skizzen von Flugapparaten machte, wissen wir ja schon. Seine Entwürfe waren ziemlich gut durchdacht und hätten rein theoretisch funktionieren können – wäre Herr da Vinci seiner Zeit nicht so weit voraus gewesen. Es fehlten ihm einfach die nötigen Materialien, um seine Ideen umzusetzen. Richtig (Achtung, es folgt ein Wortspiel!) aufwärts mit der Fliegekunst ging es erst einige Hundert Jahre später: Ende des 19. Jahrhunderts entwickelte der Deutsche Otto Lilienthal Gleitflieger, die wie riesige Flügel aussahen. Damit erhob er sich als erster Mensch überhaupt in die Lüfte. Die Brüder Wright aus Amerika konstruierten Anfang des 20. Jahrhunderts nach Lilienthals Vorbild das erste flugfähige Motorflugzeug.

85

So … werfen wir mal eben einen Blick auf die Eroberungsliste:

Land: ✓   Wasser: ✓   Luft: ✓   All: ☐

Anfang des 17. Jahrhunderts erfand ein Herr aus Holland das Teleskop. Damit konnte man weit in die Tiefen des Alls blicken. Aber das war noch nicht genug – ab dem 19. Jahrhundert stellten Mathematiker und Physiker Berechnungen an, um herauszufinden, wie man ins All fliegen könnte. Die größte Schwierigkeit: Das Fluggerät muss so viel Energie entwickeln, dass es sich dauerhaft aus der Erdatmosphäre entfernen kann und nicht einfach wieder zurückplumpst oder ihm unterwegs der Schwung ausgeht.

Kleiner Wagen

Im Jahr 1926 startete die erste **Flüssigkeitsrakete:** Eine Mischung aus flüssigem Sauerstoff und Benzin diente als Treibmittel. Erfunden hatte sie der Amerikaner Robert Goddard. Sie flog weder besonders weit noch hoch und Menschen hatten darin auch keinen Platz. Aber die Erkenntnisse von Herrn Goddard waren wichtig für die weitere Entwicklung der Raumfahrt. Und die schritt in großen Schritten voran.

Ach, schau an! Eine entfernte Verwandte verdiente tatsächlich als Astronautin

Schon gut 20 Jahre nach Herrn Goddards Geistesblitz war zwischen Amerikanern und Russen ein regelrechter Wettlauf ins All im Gange. Lange hatten dabei die Russen die Nase ganz weit vorn: erste Rakete im Weltraum, erstes Lebewesen im All (ein Hund), erster Weltraumspaziergang. Doch dann kam die Sternstunde der Amerikaner: Sie schickten 1969 den ersten Menschen auf den Mond, Neil Armstrong.

Großer Wagen

Der erste Hund, pardon, die erste Hündin im All: Laika

ihre Knochen. Lumpi nimmt lieber die Bahn.

▶ S. 19

87

Bastelanleitung

1. Du brauchst: ein Stück Papier, am besten rechteckig.

2. Falte das Papier einmal hochkant in der Mitte.

Nichts wie rein ins nächste Raumschiff ... äh, Flugzeug und ab ins Ah!-Studio!

3. Klappe es dann wieder auf.

4. Knicke nun die oberen zwei Ecken des Papiers um, sodass sie auf dem Falz in der Mitte zusammenstoßen.

5

Knicke auch die zwei neu entstandenen Ecken bis zur Mitte um.

6

Falte das Ganze wieder hochkant in der Mitte.

▶ S. 107

7

Für den ersten Flügel klappst du nun einen Teil zurück.

8

Und wiederholst diesen Schritt für den zweiten Flügel. Fertig ist ein 1-Ah!-Papier-Flieger!

Ah!

Willkommen zu Hause!

Vor einiger Zeit (genauer gesagt 1879) entdeckte ein kleines Mädchen in einer Höhle in Spanien bekritzelte Wände. Graffiti? Nicht ganz. In der Höhle von Altamira sind Hunderte Bilder direkt in die Wände geritzt oder daraufgemalt: Hirsche, Pferde, Bisons, Wildschweine. Die Malereien sind ungefähr 20 000 Jahre alt. „Aha!", dachten die Forscher, als sie das herausgefunden hatten. „Hier wohnten also unsere Vorfahren in der Steinzeit."

von S. 73 ▶ Zum Beispiel in einer lauschigen Höhle.

ES WAR EINMAL ... EIN HAUSMÄRCHEN

Klingt plausibel: Da saßen die Steinzeitmenschen abends in ihren Höhlen und mussten sich irgendwie beschäftigen.
Also bemalten sie eben ihre Wände – statt Fernsehen, sozusagen. Klar, wer würde das nicht tun?
Und so entstand die schöne „Geschichte vom Höhlenmenschen".
Diese Geschichte ist aber nur ein Märchen.
Das selbst die Experten viele Jahre lang geglaubt haben. Die Wahrheit ist, dass es Höhlenmenschen wohl niemals gab.

Nicht so süß wie ein Kätzchen, aber auch hübsch anzusehen.

Toll, was es hier so alles zu sehen gibt! Ob es in der Steinzeit auch schon Hunde gab?

Den Haus- oder besser gesagt Behausungsbau haben die Menschen nämlich schon ganz früh erfunden. In der Steinzeit wohnten sie in Zelten aus Ästen, Laub, Fellen und Knochen.
Diese Zelte bauten sie immer wieder neu auf, sie lebten nämlich vor allem von der Jagd und zogen den wilden Bison- oder anderen Tierherden hinterher.
Die Höhlen benutzten sie vermutlich nur als Unterschlupf bei schlechtem Wetter und um darin Feiern abzuhalten – daher stammen wohl auch die Zeichnungen.

Richtige Wohnhäuser gibt es seit etwa 10 000 Jahren.

Damals erfanden die Menschen nämlich Ackerbau und Viehzucht: Sie begannen, Tiere zu halten und Felder anzulegen, und hörten auf umherzuziehen.

Da sie meist am Wasser lebten, bauten sie Häuser auf Pfählen — sogenannte **Pfahlbauten** — aus Holz, Lehm und Schilf.

Im **Altertum** gab es dann schon Häuser aus Stein. Und in den antiken Städten wurden mehrstöckige Häuser gebaut, in denen man zur Miete leben konnte.

Seit Mitte des 19. Jahrhunderts zogen — vor allem in Europa — immer mehr Menschen vom Land in die Städte (weil es dort mehr Arbeit gab) und deshalb wurde es dort allmählich ein bisschen eng.

Also ließ man sich etwas einfallen. Wenn in der Breite kein Platz mehr ist, muss man eben in die Höhe:

Das **Hochhaus** wurde erfunden. Das erste moderne Hochhaus entstand Ende des 19. Jahrhunderts in Chicago.

Es hatte immerhin zehn Stockwerke.

SCHMUTZIGE GESCHÄFTE

Jeder muss mal. Da hilft alles nichts. Auch mit noch so viel Geld kann man niemanden dafür bezahlen, dass er für einen aufs Klo geht. Das perfekte Zuhause muss also auf jeden Fall eine Toilette bieten. Wer die erfunden hat? Also, das **Klo**, so wie wir es heute kennen, mit Sitz und Abflussrohr und Spülung, gibt es seit 1775. Konstruiert hat es der englische Erfinder Alexander Cummings. Aber natürlich mussten auch die Menschen vor seiner Zeit schon: Da gab es Erdlöcher, die man nach dem Geschäft zuschüttete, Jauchegruben, über die man Sitzbalken legte, Nachttöpfe, die man einfach aus dem Fenster entleerte, Plumpsklos und Löcher in den Böden von Burgen, aus denen das ritterliche Geschäft den Burgberg hinuntertropfte, -plätscherte und -kullerte.

Für Lumpi riecht's hier fast wie zu Hause. Das Ah!-Studio ist nah!

Beeindruckend, so ein Bärenhaufen!

Dackel mit Dünnpfiff

Wie niedlich: Kaninchenköttel

Vor allem im Mittelalter ging es ziemlich unhygienisch zu. Es gab nämlich kein Abwassersystem (mehr). Die alten Römer, die ja in allem sehr fortschrittlich waren, hatten ein richtig gutes Kanalsystem entwickelt, um Pipi und Kacke zu entsorgen. Blöderweise war das aber wieder in Vergessenheit geraten. Ende des 16. Jahrhunderts erfand dann jemand eine Toilette mit Wasserspülung, aber aus unerfindlichen Gründen wollte davon niemand etwas wissen. Erst Herrn Cummings' Erfindung konnte die Menschen überzeugen.

Knackige Pferdeäpfel

Puh, Elefantenmist!

Nicht zu verwechseln mit Fladenbrot: der Kuhfladen

▶ S. 107

Tragen Astronauten Windeln?

Natürlich nicht! Auch in Raumstationen gibt es Klos. Wegen der Schwerelosigkeit kann man im Weltall allerdings nicht einfach runterspülen. Das Geschäft wird durch einen Schlauch abgesaugt. Astronauten müssen vor dem Abflug ein Klotraining absolvieren, es ist nämlich gar nicht so einfach, die Weltraumtoilette zu benutzen.

von S. 65 ▶ … Wenn man muss, dann muss man eben …

von S. 58 ▶ … der fühlt sich nur auf dem stillen Örtchen so richtig zu Hause.

Das Klothema ist wirklich zu schön, als dass wir jetzt schon wieder damit Schluss machen könnten. Das wäre echte Papierverschwendung. Was direkt zu einer wichtigen Frage führt: Wie putzten sich die Menschen eigentlich den Po, bevor die Chinesen das **Klopapier** erfanden? (Klar, es waren die Chinesen, wie immer, wenn es um Papier geht. Der Kaiser von China hat das Klopapier sogar höchstpersönlich erfunden, Ende des 14. Jahrhunderts. Die Europäer bekamen davon allerdings erst im 19. Jahrhundert Wind. Dass die Chinesen ihre Blätter nicht gern teilen, wissen wir ja schon seit Seite 37.)

Ersatzflüssigkeit

Jedenfalls wischte man sich den Hintern vorher einfach mit dem ab, was gerade zur Hand war. Und war nichts zur Hand, nahm man eben dieselbe. In einigen Gegenden der Erde säuberten sich die Menschen einfach mit der linken Hand und mit Wasser. Andere Reinigungsmethoden waren: Schaben mit Scherben und Steinen, Putzen mit einem Schwamm am Stock, Abwischen mit Blättern oder Gras, Schafswolle oder Zeitungspapier.

KlugscheißAh!-Info

Warum heißt es eigentlich „sein Geschäft verrichten"? Weil sich die Menschen früher, zum Beispiel im alten Rom, tatsächlich auf öffentlichen Toiletten zu Geschäftsgesprächen trafen. Man saß nicht in getrennten Kabinen, sondern gemütlich nebeneinander, pinkelte, plauderte und verhandelte.

KlugscheißAh!-Info

Kaffeekränzchen bei Tante Inge. Schön mit Schokotorte und Kackes. **Kackes? Würg** … Aber wir vermuten, dass früher tatsächlich viele Deutsche „Kackes" zu Kaffee oder Tee bestellten. Sie meinten eigentlich „cakes", was englisch ist und „Kuchen" bedeutet, aber da ihr Englisch nicht so gut war und sie nicht wussten, dass sie es als „käjks" hätten aussprechen müssen, sagten sie „Kackes". Erst 1911 wurde das Wort eingedeutscht und seitdem sagt man „Keks". Und bekommt hoffentlich auch nichts anderes serviert …

Doch man muss die Ausscheidungen ja nicht gleich seinen Gästen kredenzen!

Also ehrlich, Ralph, was servierst du Shary denn da?

Kackes?
Würg

Bleibt das **Pipi**. Ach, was kann man mit Pipi nicht für schöne Sachen anstellen! Da kann man richtig ins Schwärmen geraten. Zum Beispiel kann man damit Wäsche waschen. Schöne Sachen? Wäsche waschen? O.k., das trifft es jetzt vielleicht nicht so ganz, aber interessant ist es trotzdem. Die Wäscher im alten Rom sammelten Urin aus den öffentlichen Toiletten, ließen ihn einige Zeit stehen und benutzten den Ammoniak, der dabei entstand, als Waschmittel. Ammoniak ist auch das, was dem Pipi seinen typischen Geruch verleiht. Ob damals die Kleidung so gerochen hat? Wir wissen es nicht. Das erste moderne Waschmittel erfand jedenfalls 1907 ein deutscher Unternehmer namens Fritz Henkel.

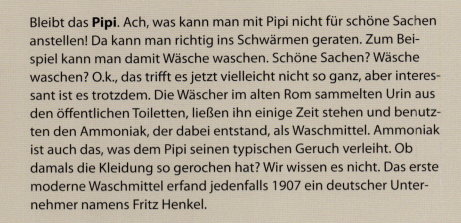

Das reicht dir noch nicht an Pinkelgeschichten? Na gut … Was kann man mit Pipi noch anstellen? Ach ja, man kann sich prima damit unterhalten. Also nicht mit dem Pipi persönlich – „Guten Tag, Pipi, wie geht es dir heute so?" –, aber manche Lebewesen verwenden ihren Urin tatsächlich zu Kommunikationszwecken. Hundemännchen erschnüffeln zum Beispiel am Pipi einer Hundedame, ob die gerade läufig ist, also bereit, sich zu paaren. Praktisch.

Das geht Shary nun endgültig zu weit: Sie will ein sauberes Buch und greift

102

Ein klasse Desinfektionsmittel ist Pipi übrigens auch. Deshalb spülten sich zum Beispiel die alten Römer auch gern schon mal nach dem Essen den Mund damit aus. Lecker. Ansonsten nahm man aber für die Körperpflege doch lieber andere Hilfsmittel. Sich mit Wasser zu waschen ist wohl schon lange bekannt. Besonders hartnäckiger Dreck wurde zum Beispiel mit Sand von der Haut geschrubbt. Eine Zeit lang war es auch üblich, sich überhaupt nicht richtig zu waschen, sondern zu pudern und zu parfümieren, um Schmutz und Gestank zu überdecken. Dabei wurde die Seife schon vor rund 4000 Jahren erfunden (von den Sumerern selbstverständlich). Lange war sie echter Luxus, weil es so kompliziert war, sie herzustellen. Erst um 1860 wurde eine Methode erfunden, Seife in großen Mengen zu produzieren.

Lieber einen ordentlichen Waschtag einlegen. Wie das duftet! ▶ S. 108

Solch hübsche Gürtel trugen römische Soldaten.

ZENSIERT

entschlossen zum Putzlappen.

103

GLÄNZENDER ABGANG

Die letzte Seite naht. Ja, tatsächlich. Aber kein Grund, Trübsal zu blasen. Oder sich gar eine Treppe hinunterzustürzen. Die wurde übrigens schon ganz früh erfunden. Also, eigentlich gab es sie schon immer. Zumindest benutzten die Menschen von jeher „natürliche Treppen", zum Beispiel Felsvorsprünge oder Absätze in hügeligen Wiesen, um Höhenunterschiede zu überwinden. Von Menschen angefertigte Treppen gab es vermutlich schon in der Steinzeit. Zumindest haben Forscher uralte Baumstämme gefunden, in die so etwas wie Stufen eingekerbt waren. Könnten als Treppen oder Leitern gedient haben.

Jetzt steht Sharys glänzendem Abgang nichts mehr im Wege. (Praktisch, so eine Rolltreppe, die direkt ins heimelige Ah!-Studio führt ...)

Die **Rolltreppe** erfand Ende des 19. Jahrhunderts der Amerikaner Jesse W. Reno. Sie diente zunächst als Fahrgeschäft in einem Vergnügungspark. Klingt nach einer Menge Spaß. Später rissen sich die Kaufhäuser um die fahrende Treppe, denn damit konnte man besonders viele Menschen durch die Einkaufshallen schleusen – immer direkt an den Waren entlang. Für den Verkauf sehr viel günstiger als der Fahrstuhl. Den gibt es übrigens schon ganz lange – früher wurde er allerdings nur für Waren oder zum Beispiel als Speiseaufzug benutzt. Für Menschen war er nicht sicher genug. 1853 erfand ein Herr Otis, ebenfalls Amerikaner, eine Vorrichtung, die Aufzüge viel sicherer machte. Er hat also quasi den Personenaufzug erfunden.

Kaufhäuser verfügen jedenfalls nicht nur über schöne Treppen zum Rauf- und Runterfahren, sie haben auch Türen zum Rein- und Rausgehen – beziehungsweise zum Rausrennen, im Falle eines Brandes zum Beispiel. Damit die Kunden möglichst schnell den nächsten Notausgang finden, ist der Weg dorthin mit Schildern gekennzeichnet. Solche Schilder gibt es auch in anderen größeren Gebäuden, in denen sich viele Menschen aufhalten. Und damit auch ganz bestimmt jeder die Hinweise auf Anhieb versteht, ist darauf kein Text zu sehen – etwa „Hier entlang zum Notausgang" –, sondern ein einfaches Bildsymbol, auch „Piktogramm" genannt. Piktogramme gibt es schon lange. Sie waren Vorläufer der Schrift und verwandelten sich im Lauf der Zeit in Schriftzeichen. Ende des 20. Jahrhunderts griff man diese alte Erfindung wieder auf, um damit möglichst einfach viele Menschen über verschiedenste Dinge zu informieren. Heute gibt es jede Menge international verständliche Symbole: Damenklo, Rauchverbot, Brandgefahr, Stopp! … und eben dieses hier:

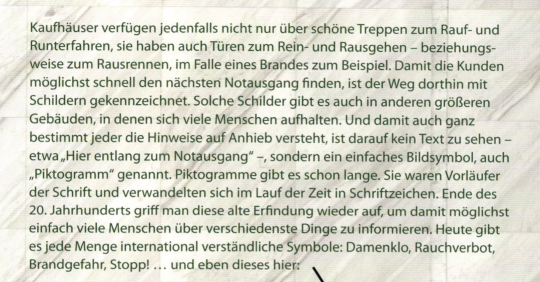

Dies ist der schnellstmögliche Weg hinaus aus diesem Buch. Auch wenn der Abschied ganz schön schwerfällt. Blöde Erfindung, das Abschiednehmen …

STUDIO

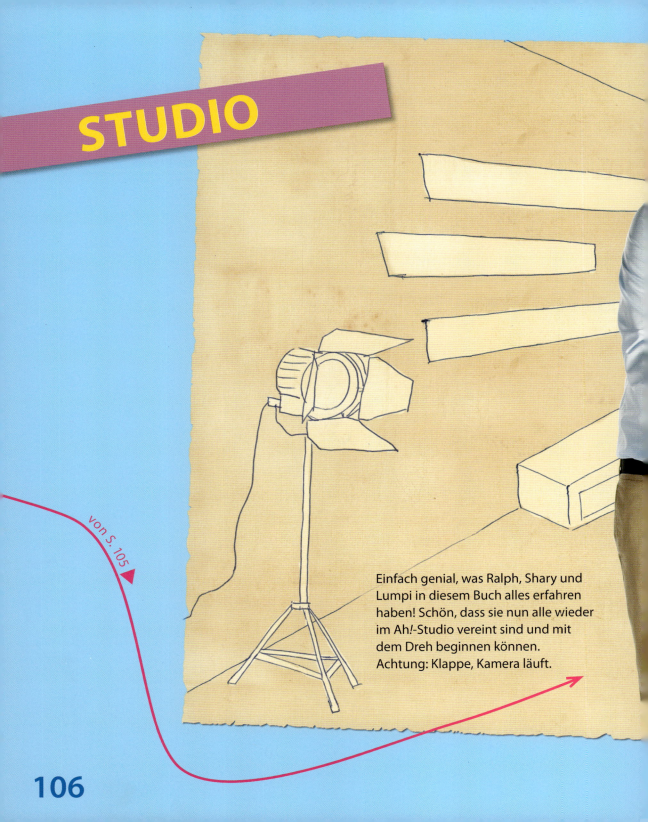

von S. 105 ▶

Einfach genial, was Ralph, Shary und Lumpi in diesem Buch alles erfahren haben! Schön, dass sie nun alle wieder im Ah!-Studio vereint sind und mit dem Dreh beginnen können. Achtung: Klappe, Kamera läuft.

Ah!

REGISTAh!

So viele Wörter … Wozu die wohl alle gut sind?

von S. 103

Abwassersystem 97
Ackerbau 95
Adams, Thomas 22
Ägypter/Ägypten 14, 16, 82
All *siehe Weltall*
Alphabet 31
Altamira 93
Ampel 23
Amphibienfahrzeug 57
Armstrong, Neil 87–89
Astronaut 98
Atomuhr 16 f.
Auto 80 f.
Autoreifen 21, 80

Babylonier/Babylonien 10, 17, 31
Bacon, Roger 32 f.
Bell, Graham 41
Benz, Carl 80 f.
Berners-Lee, Tim 43
Bionik 62–65
Blindtext 33
Briefmarke 38
Brille 32
Buch/Buchdruck 29–31, 33
Bushnell, David 83

Cäsar, Julius 14 f., 34 f.
Cäsar-Verschlüsselung 34 f., 37
Celsius, Anders 55
Chinesen/China 36 f., 52, 68, 98
Chindogu 26
Computernetzwerk 42 f.
Cummings, Alexander 96 f.

da Vinci, Leonardo 62, 85
Daimler, Gottlieb 80
Dampflokomotive *siehe Lokomotive*
Dampfmaschine 78 f.
Dampfschiff 83
de Mestral, Georges 63
Desinfektionsmittel 103

Inoue, Daisuke 26
Internet 42

Jahr 15
Julianischer Kalender 14 f.

Kacke 97
Kaiser von China 98
Kalender 10, 14 f.
Karaoke 26 f.
Kaufhaus 104 f.
Kaugummi 22 f.
Keilschrift 30 f.
Keks 100
Klartext 34
Klettverschluss 63
Klo 96–99
Klopapier 98
Klotraining 98
Kompass 68
Körperpflege 103
Kreuzworträtsel 24
Kuckucksuhr 19

Laika 87
Latein 30, 37, 80
Letter 31
Lilienthal, Otto 85
Lokomotive 79
Lotuseffekt 65
Lupe 32

Mikrowelle 53
Mitteleuropäische Zeitzone (MEZ) 18
Monat 10
Mond 10 f., 87–89
Mondkalender 10
Morse, Samuel 39
Morsealphabet 39
Morseapparat 39

Schwimmanzug 64
Seefahrt *siehe Schifffahrt*
Segel 82
Seife 103
Sonne 14, 70
Sonnenbrille 70
Sonnencreme 72 f.
Sonnengott 14
Sonnenuhr 16
Spencer, Percy 53
Spilsbury, John 25
Sprache 50
Sprechapparat 50
Steinzeit 93–95
Steinzeitmenschen 22, 46, 94
Steinzeitspaghetti 52

S. 24

109

Ah!

BILDNACHWEIS

akg-images: S. 30 l, S. 41 lM, S. 62 ol 2x, S. 78 u, S. 80 HG, S. 81 M, S. 85 or; Bildarchiv Steffens: S. 82 or; British Library: S. 38 or; Erich Lessing: S. 31 ur; NASA: S. 88/89 M; North Wind Picture Archives: S. 77 or; RIA/Nowosti: S. 87 rM; VISIOARS: S. 36 ul

bpk: S. 34 oM, S. 76 M; Emil Lehmann: S. 77 ul; Museum für Asiatische Kunst, SMB/Jürgen Liepe: S. 36/37 HG 2x

Christian Köpfer: S. 102 rM

Christine Keil/fotos-for-berlin.de und Bernhardt Link/farbtonwerk.de: Vorsatz ul, rM, S. 98 ul, 99 r, Nachsatz uM

ddp images/AP Photo/Michael Sohn: S. 18 ol

fotolia: Damaris Hänsch: S. 66/67 M; Fotolyse: S. 84/85 HG; gradt: S. 52/53 HG 4x; Irochka: S. 53 lM; pur: S. 49 ur; Ribe: S. 58 M; Richard Carey: S. 64 ul; Rubik Oleg: S. 63 ur; Tortenboxer: S. 32 HG

gettyimages: Karl Shone: S. 102 lM, S. 103 lM; Louie Psihoyos: S. 65 or; Peter Dazeley: S. 19 or; Tsolo: S. 7 ur, S. 86 M

IAM/akg-images/World History Archive: S. 33 ol, S. 41 rM

von S. 41 ▶ Aha, daher stammen also all die Bilder,

Fotos von Shary, Ralph, Lumpi und Dr. Mo

© WDR Köln · Agentur: WDR mediagroup licensing GmbH: Bettina Fürst-Fastré: S. 81 M 2x; Eva von Platen: S. 13 ul, S. 38 3x, S. 65 lM; Laura Lehmus: S. 14 uM, S. 19 ul, S. 22 o, S. 34 oM, S. 38 2x, S. 44 u, S. 54 u, S. 56 u, S. 65 rM, S. 88 lM, S. 98 or; Nola Bunke: Vorsatz l, r, S. 5 M, S. 6 ol, ur, S. 7 ur, S. 8 M, S. 9 ur, S. 18 rM, S. 21 or, S. 25 u, S. 28 M, S. 29 ur, S. 32 ul, ur, S. 38 6x, S. 47 ur, S. 51 ur, S. 62 ol, S. 63 ur, S. 69 ur, S. 70 ul, S. 71 ur, S. 75 ur, S. 77 M, S. 87 ur, S. 92 M, S. 101 rM, S. 104 rM, S. 107 M, Nachsatz r, KlugscheißAh!-Infos; Vera Lalyko: S. 19 M, S. 26/27 M, S. 38 ol, S. 59 M, S. 74 u

oben = o, unten = u, links = l, rechts = r, Mitte = M, Hintergrund und Schmuckelemente = HG

S. 66

Lumpi fragt sich, welches wohl das schönste ist …

© iStockphoto.com: S. 6 oM, ul, S. 7 oM, or, uM, S. 10 M, S. 13 o, S. 16/17 HG, S. 22/23 HG, S. 25 HG, S. 31 or, S. 33 HG, S. 34/35 HG 3x, S. 38 HG 2x, S. 39 u, S. 40 or, S 43 ur, S. 46 or, uM, S. 47 o 7x, ur, S. 48 or, ul, S. 50/51 HG 5x, S. 51 ur, S. 52 ur, S. 58 ul, S. 59 ol, ur, S. 62/63 HG, S. 64/65 o, S. 68 ur, S. 69 ur, S. 70 ul, S. 71 uM, S. 70/71 HG, S. 73 r, S. 76/77 HG 2x, S. 78/79 HG 2x, S. 80/81 HG 2x, S. 82/83 HG, S. 83 o 2x, S. 84 u, S. 96/97 u 6x, S. 100 ul, S. 102/103 HG 13x, S. 104/105 HG, S. 105 rM

Ines Wagner-Schulz: S. 31 ol, lM, ul, S. 69 M, S. 72/73 M, S. 106/107 HG

Melanie Rhauderwiek: S. 35 M, S. 42 M, S. 90/91 M, S. 94 rM, ul, S. 95 M 2x, ur, S. 100 HG; Kerstin Dunker: S. 20/21 M

Sebastian Schulz: S. 50/51 uM

The Bridgeman Art Library: S. 79 o, S. 94 or; Brooklyn Museum of Art, New York, USA: S. 14 l; Giraudon: S. 103 ur; Science Museum, London, UK: S. 17 ur

© WDR Köln · Agentur: WDR mediagroup licensing GmbH: Machbar GmbH, Kassel: S. 6/7 HG; Asadeh Karimi-Starke: S. 96 ol